本书由以下科研项目资助

全国统计科学研究项目"基于混频和结构动态因子模型的 FCI 构建及其应用研究"（2018823）

国家自然科学基金项目"基于混频 FASTVAR 模型的 FCI 构建及其应用"（71763016）

金融发展促进就业研究

RESEARCH ON
FINANCIAL DEVELOPMENT
PROMOTING EMPLOYMENT

司颖华　肖强　著

社会科学文献出版社
SOCIAL SCIENCES ACADEMIC PRESS (CHINA)

摘　要

2017年10月，十九大报告指出，就业是最大的民生。2017年国务院印发的《"十三五"促进就业规划》中强调，要通过金融体制改革积极发展吸纳就业能力强的产业和企业，创造更多的就业机会。2008年美国次贷危机导致失业率大幅度上升等金融市场对就业产生不利影响的事件，使得金融发展对就业影响的分析成为学术的前沿问题。金融发展对实体经济的影响，一直是理论研究者和政策制定者关注的问题，而只有研究金融发展对就业的影响，才能全面理解金融发展对实体经济所起的作用。同时，从就业研究的角度来看，如果忽略了金融发展的作用，对就业的决定机制也不能有透彻的认识。总之，不管从理论角度还是从实践角度来看，研究我国金融发展对就业的影响都是很必要的。

2010年诺贝尔经济学奖获得者之一Pissarides，其主要学术成就是劳动力市场和宏观经济之间关系的搜寻匹配理论，该理论被称为研究就业的经典模型。在信息不完备的市场环境下，基于附加融资约束的搜索匹配模型和相关的数理模型，都得到金融发展对就业存在明显的影响关系。因此，本书在已有研究理论和方法的基础上，结合我国的实际情况，从国家层面、地区层面和不同所有制企业层面等角度，分析了我国金融发展对就业的影响，以便为金融扶持促进就业等政策提供科学的依据。

第一,利用我国国家层面的年度时间序列数据,分析了金融发展对就业的长期影响和短期影响。一方面,基于自回归分布滞后模型,测度了我国金融发展水平对就业水平的长期影响关系,得到我国金融发展水平对就业存在正向影响的结论。另一方面,基于误差修正模型,测度了我国金融发展水平对就业水平的短期影响,得到非均衡误差项对短期波动存在修正作用,使得我国金融发展对就业长期正向影响关系成立。总之,不管是从长期还是从短期来看,我国金融发展对就业水平都存在正向影响关系。因此,为了实现我国"稳增长,保就业"的目标,政府还需要进一步深化金融体制改革,以便更好地促进我国的就业。比如,加强金融市场化,使金融市场的服务中介和机构主体,更好地满足消费者和投融资主体对金融服务的多元化需求,同时促进我国的就业增长。

第二,首先基于附加融资约束的搜索匹配模型,阐述了金融发展对就业的影响。其次利用我国国家层面的数据,基于以金融发展水平为转移变量的平滑转移向量自回归模型,测度了不同金融发展水平下,金融发展对就业影响的非对称性效应。得到随着金融发展水平的不同,金融发展对就业的影响存在显著的差异性的结论。比如,与较高的金融发展水平相比,在较低的金融发展水平下,金融发展对就业的正向影响作用更显著。所以,一方面,我国金融发展对促进就业起到了积极作用。另一方面,随着金融发展水平的提高,金融发展对就业的影响效果越来越弱。而我国经济在新常态下,就面临金融发展水平较高,但增加就业能力不足的情形。因此,为了更好地利用金融发展促进就业,政府需要从减轻中小微企业面临的融资约束角度,推进我国金融体制的改革。

第三，基于我国31个省份省级层面的面板数据，分析我国金融发展水平对就业水平影响的地区差异性。一方面，从整体上来说，我国金融发展对就业存在显著的长期正向影响。而且长期非均衡误差对就业水平短期变动具有有效调控作用。金融发展水平的变动对就业水平的变动存在显著的正向影响关系。另一方面，针对我国东部、中部和西部地区所构建的面板模型可知：首先，对我国东部、中部和西部地区而言，金融发展水平在促进就业中起到了非常重要的作用；其次，不同区域的金融发展水平对就业的影响，存在显著的差异性。因此，我国政府在通过实施金融扶持等政策促进就业的同时，需要关注金融发展对就业影响的区域差异性，这样才能更有效地实现促进就业的目标。比如，西部大开发战略、西部民族地区的优惠政策和"丝绸之路经济带"建设等，对西部地区的金融发展和促进就业都起到了非常积极的作用。

第四，为了从企业层面测度金融发展对就业的影响，针对我国国有制造业企业和私营制造业企业的融资约束对就业影响的差异性进行了分析。从长期来看，一方面，我国国有制造业和私营制造业企业的融资约束水平对就业水平均存在正向的显著性影响。另一方面，我国国有制造业和私营制造业企业的融资约束对就业的影响程度存在一定的差异性。从短期来看，一方面，我国国有制造业和私营制造业企业融资约束的变动对就业水平的变动存在正向的影响关系。另一方面，非均衡误差项对短期波动存在修正作用，使得国有制造业和私营制造业企业的融资约束对就业水平的长期影响存在正向关系。因为不管是国有制造业还是私营制造业企业，随着金融发展水平的提高，企业融资约束得到缓解，它们都能创造更多的工作岗位，有效地促进我国就业。因此，政府需要释放金融市场的活力，不仅使国有制造业企业能够方便地获得融资,也使私营制造业企业能够越来越方便地获得融资。让金融扶持政策给企业带来更多的利好,使得企业家有积极性地创造更多的就业岗位,促进我国的就业。

第五,基于频域分析,分别在短周期波动、中周期波动和长期趋势上,从国家层面、地区层面和企业层面,测度了金融发展对就业的影响。实证结果表明:在不同的频率上,我国金融发展对就业的影响存在显著差异。从国家层面来看,我国金融发展对促进就业起到了非常积极的作用。从地区层面来看,东部经济发达地区,随着金融发展水平的提高,金融发展促进就业的作用逐步减弱。中部经济发展中地区和西部经济欠发达地区,随着金融发展水平的提高,金融发展对就业的促进作用一直在增强。从不同所有制来看,随着金融发展水平的提高,企业的融资约束得到缓解,但是国有制造业企业更侧重于新技术研发的投资,对就业的促进作用非常有限,而私营制造业企业更趋向于促进就业。

ABSTRACT

In October 2017, the report of the 19th National Congress of the Communist Party of China, noted that employment is the greatest livelihood. *Outline of the Thirteenth Five-Year Plan for National Economic and Social Development of the People's Republic of China*, published by the State Council in 2017, emphasizes to actively develop industries and enterprises with strong employability. The US. Subprime crisis of 2008 and the subsequent increase of unemployment, as well as the events in which financial markets adversely affected employment, made the analysis of the employment impact on financial development an academic frontier. The influence of financial development on the operation of real economy has always been a hot topic for theoretical researchers and policymakers. Only by focusing on the relationship between financial development and employment can we fully understand the effect of financial development on the real economy. At the same time, from the point of view of employment research, if the role of financial development is neglected, the decision mechanism of employment can't be thoroughly understood. In conclusion, it is necessary to study the relationship between financial development and employment in China from both theoretical and practical perspectives.

Pissarides, one of the Nobel Prize winners in economics in 2010, is best known for his search and matching theory of labour market and macroeconomic interactions. The search matching model is known as classic model of employment analysis. In the market environment with incomplete information, the search matching model based on additional credit constraints and the relevant mathematical model concluded that financial development has a significant impact on employment. Considering the actual situation of financial development and employment in China, on the basis of the existing research theories and methods, this paper measures the impact of financial development on employment from the national level, the regional level and the level of different ownership enterprises, which aims to provide a scientific basis for employment promotion function of financial support.

First, the impact of financial development on employment is analyzed based on different cycles using the annual time series data at the national level. On the one hand, based on the autoregressive distribution lag model, the relationship between financial development level and employment level is measured and found the positive relationship between them. On the other hand, based on the error correction model, the paper measures the short-term influence of the financial development on the employment rate. The result shows that the unbalanced error item has the correction effect on the short-term fluctuation, which makes the long-term positive influence relationship between the financial development and the employment level in China. In short, whether in the long term or in the short term, China's financial development has a positive impact on employment rates. To achieve China's "steady growth and job security", the government needs to deepen its financial reforms to better promote employment in the country. For example, the government should promote financial marketization, so that the financial market can service intermediaries and institutional bodies, meet the diversified financial demand of consumers and investor and promote employment growth in China.

Secondly, based on the search matching model of additional

ABSTRACT

financial constraints, the paper demonstrates the impact of financial development on employment. Then, based on the smooth transfer model with financial development level as the transfer variable, the asymmetric effect of financial development on employment is measured. With different financial development level, the effect on employment is obviously different. For example, the positive impact of financial development on employment is more significant at lower levels of financial development than at higher levels of financial development. That is, while the financial development of China has played a positive role in employment, the higher financial development level, the weaker effect of it on employment. Under The new normal of China's economy, China's economy is facing a high level of financial development, but it is not enough to increase its employability. Therefore, in order to make better use of financial development to promote employment, the government authorities need to promote the reform of financial policy from the point of view of reducing the financing constraints faced by SMEs.

Thirdly, based on the panel data at the provincial level in 31 regions of China, the paper analyzes the regional differences of the influence of financial development on employment level. On the one hand, China's financial development has a significant long-term positive impact on employment. Moreover, the long-term unbalanced error has an effective adjustment on short-term change of employment level. The change of financial development level has significant positive influence on the change of employment rate. On the other hand, the panel model constructed for the Eastern, Central and western regions of China shows that the following results: firstly, the level of financial development plays an important role in promoting employment in the Eastern, Central and western regions of China; secondly, in the Eastern, Central and western regions of China, there are significant differences in the role of financial development in promoting employment. Therefore, while implementing policies to promote employment through financial support, the government needs to pay attention to the differences in employment impact of financial development in the Eastern, Central and western regions of China, so as to achieve the goal of promoting employment more effectively. For example, the strategy for the development of the western region, the preferential policies of the ethnic areas in the western region and the ongoing construction of the Silk Road Economic Belt all play a very positive role in the financial development and employment promotion of the western region.

Fourthly, the paper measures the impact of financial development on employment at the enterprise level. The paper analyzes the differences between the financing constraints of state-owned manufacturing enterprises and those of private manufacturing enterprises in China. In the long run, the financial development level of the state-owned manufacturing industry and the private manufacturing enterprise has positive and significant influence on the employment level on the one hand, but the influences of owned manufacturing and private manufacturing enterprises are different on the other hand. In the short term: on the one hand, the change of financing constraints of state-owned manufacturing and private manufacturing enterprises has a positive influence on the change of employment level; on the other hand, there is a long-term positive relationship between the financing constraints and the employment level of state-owned manufacturing and private manufacturing enterprises though the unbalanced error of adjustment. For both state-owned and private manufacturing enterprises, as their financing constraints ease, they can create more jobs and effectively boost employment in China. Government authorities need to unleash the dynamism of financial markets: make both state-owned manufacturing firms and private manufacturing firms to get funds easily; bring more welfare by financial so that entrepreneurs have the incentive to create more jobs and promote employment in China.

Fifthly, from the dimension of frequency domain, the influence of financial development on employment at the national level is measured from the aspect of short period fluctuation, medium period fluctuation and long-term trend, the influence of financial development on employment at the regional level is measured, and the influence of financing constraints on employment of enterprises of different ownership is measured. From the national level, China's financial development has played a positive role in promoting employment. At the regional level, the effect of promoting employment has gradually diminished in the economically developed areas of the eastern part of the country, as financial development has increased. In the central and western regions, the promotion of employment has been increasing as the level of financial development has increased. In terms of different ownership, as financing constraints ease, state-owned manufacturing enterprises focus more on investment in technological research and development, while the development of private manufacturing enterprises is more conducive to employment promotion.

目 录

前　言 …………………………………………………………… 1

第1章　金融发展对就业影响的理论回顾 ………………… 6
1.1　附加融资约束的搜索匹配模型 ……………………… 7
1.2　融资约束对企业创造就业岗位的影响 ……………… 11
1.3　基于数理模型的金融发展对就业的影响 …………… 17
1.4　金融发展对就业影响的传导机制 …………………… 29

第2章　金融发展对就业影响的经验研究方法与结果 …… 32
2.1　金融发展对就业影响的差异性测度方法 …………… 32
2.2　金融发展对就业影响的非对称性测度方法 ………… 39
2.3　融资约束对就业影响的非对称性的经验结果 ……… 42
2.4　金融发展对就业影响的差异性的经验结果 ………… 52
2.5　我国就业影响因素的经验结果 ……………………… 62

第3章　我国金融发展对就业的长期和短期影响分析 …… 65
3.1　我国金融发展和就业的统计描述 …………………… 66
3.2　相关模型的设定 ……………………………………… 70
3.3　金融发展对就业水平的长期影响分析 ……………… 74

3.4 金融发展对就业水平的短期影响分析 ················ 75
3.5 本章小结 ························· 76

第4章 我国金融发展对就业影响的非对称效应分析 ········ 78
4.1 我国金融发展水平和就业的相关性统计描述 ········ 82
4.2 相关模型的设定 ····················· 83
4.3 不同金融发展状态下金融发展对就业影响的分析 ······ 85
4.4 新常态下通过金融改革促进就业的启示 ··········· 87
4.5 本章小结 ························· 88

第5章 我国金融发展对就业影响的地区差异性分析 ········ 90
5.1 我国各省份金融发展和就业水平的统计描述 ········ 91
5.2 我国各省份金融发展对就业影响的分析 ··········· 110
5.3 我国东、中、西部金融发展对就业影响的差异性分析 ···· 118
5.4 本章小结 ························· 123

第6章 我国金融发展对不同所有制企业就业影响的差异性分析
·································· 127
6.1 国有企业和私营企业的融资约束及就业的统计描述 ····· 132
6.2 相关模型的设定 ····················· 139
6.3 我国金融发展对不同所有制企业就业的长期影响分析
·································· 147
6.4 我国金融发展对不同所有制企业就业的短期影响分析
·································· 150
6.5 本章小结 ························· 151

第 7 章　我国金融发展对就业影响的周期差异性分析 ………… 153
　　7.1　国家层面金融发展对就业影响的周期差异性分析 …… 154
　　7.2　地区层面金融发展对就业影响的周期差异性分析 …… 162
　　7.3　企业层面金融发展对就业影响的周期差异性分析 …… 176
　　7.4　本章小结 ………………………………………………… 188

结　语 …………………………………………………………… 191
参考文献 ………………………………………………………… 196
附　录 …………………………………………………………… 209

前　　言

  2017年10月，十九大报告指出，就业是最大的民生。要坚持就业优先战略和积极就业政策，实现更高质量和更充分就业。2017年国务院印发的《"十三五"促进就业规划》指出，积极发展吸纳就业能力强的产业和企业，创造更多就业机会。要求中国人民银行和中国银监会等金融主管部门牵头，综合运用多种政策工具和开展创新业务，优化我国企业的融资环境，缓解企业的融资约束，鼓励企业增加就业岗位，增加其吸纳就业能力。总之，促进就业是我国宏观经济政策的重要目标之一。虽然影响就业的因素很多，但金融发展是最主要的因素之一。加之我国政府采取了金融扶持促进就业的措施，研究我国金融发展对就业的影响，具有重要的理论和现实意义。

  2010年，根据国际劳工组织估计，2007~2009年的全球金融危机使得大量的就业岗位被破坏，在全世界范围内要恢复到危机前的就业水平，需要提供超过2000万个新岗位。正如Elsby等(2010)所认为，对美国而言，这次危机对劳动力市场的破坏程度是1940年以来最严重的一次。如此多的工人流离失所，加上纳税人承受的巨大负担，引起了公众对金融市场和银行家的极大愤怒。许多人认为金融市场就算不是对社会有害的话，充其量也是无益的。即使是像《经济学家》这样的商业杂志也不得不承认："金融市场虽然带来了繁荣，但也带来了困难。"

虽然这些谴责在2008年金融危机之后尤为严厉，但此论文并不是最新的。2005年4月，在德国全国大选期间，德国社会民主党主席Franz Munterfering将私人股权公司和对冲基金比作"成群结队的蝗虫袭击着公司，在经济发展中需要将它们剥离出来"。并指责"一些金融投资者不会去关心那些失业的工人，虽然这些工人的失业是因为它们造成的"。2007年3月，工会咨询委员会秘书John Evans将私人股权形象地比喻为"侵蚀就业创造系统的癌症"。

虽然关于金融市场对就业影响的指责很多，但是这些与过去二十多年的大量学术研究成果形成了鲜明的对比：许多论文只是证明金融发展往往与产出增长相关，两者之间的关系可以解释为因果关系。而只有较少的研究文献涉及金融发展对就业的影响效应。从更发达的金融市场更加促进经济增长的意义上来说，需要进一步研究金融发展的经济效应，至少应该包括经济增长效应和就业效应等。本书可以从三个不同的方面来论证。

第一，一定程度上金融发展会导致就业减少：放松融资约束可能会让企业投资于资本密集型的技术，从而扩大产出，而不是扩大就业，这样只会提高生产率。这意味着，金融与经济增长之间关系的经验证据不能机械地转化为金融对就业的影响关系。

第二，即使金融发展对就业有促进作用，但它可能不会全面实现：金融市场和中介机构的效率越高，它们在"赢家"和"输家"之间分配资源的选择就越多，而更多的资金应该用于利润更高的公司和行业。对弱者来说则更少，甚至可能被迫完全倒闭。也就是说，金融发展可能会增加跨行业就业再分配的规模和提高效率。因为更发达的金融中介机构也可能为受到流动性冲击的公司提供更多的资金，从而有助于稳定就业和增加就业，所以这并不是一个消极的结论。因此，在原则上，较发达的金融市场可能或多或少与就业重新分配有关。

第三，尽管理论上论证了金融系统是一种高效的资源配置机制，但它的实际运行远非一帆风顺和完美无缺。类似于美国的次贷危机事件时刻提醒人们，金融市场本身可能是风险的来源，而不是定价和分担风险的机制。如果金融成熟本身鼓励过度的风险承担，那么金融复杂性本身可能是不稳定的根源。接下来的问题是，更发达的金融市场是否会加剧危机导致的就业和产出损失，更多依赖金融市场平稳运行的经济体可能会因其崩溃而受到更严重的损害。这是理所当然的。因此，虽然在正常时期，金融发展可能促进产出和就业增长。但在危机中，金融发展可能加剧产出和就业的萎缩。

2010年诺贝尔经济学奖获得者之一Pissarides的搜寻匹配理论，被称为就业分析的经典模型。在信息不完备的市场环境下，基于搜索匹配模型，认为金融发展对就业产生显著的影响。近年来，我国金融市场得到了长足的发展。同时，新常态下的就业问题也更加突出。因此，有必要分析我国金融发展对就业的影响，为政府调控金融市场的健康发展、促进就业提供科学的依据。

综上所述，2008年金融危机和随后许多公司大幅削减员工等对就业产生不利影响的事件，使得金融发展对就业影响的分析成为学术的前沿问题。因此，分析我国金融发展对就业影响的关系是很有必要的。

为了测度我国金融发展对就业的影响,本书内容安排如下。

第1章是金融发展对就业影响的理论回顾。包括附加融资约束的搜索匹配模型,融资约束对企业创造就业岗位的影响,基于数理模型的金融发展对就业的影响和对已有金融发展对就业影响的传导机制的总结。

第2章是金融发展对就业影响的经验研究方法与结果。包括金融发展对就业影响的差异性测度方法,金融发展对就业影响的非对称性测度方法,融资约束对就业影响的非对称性的经验结果,金融发展对就业影响的差异性的经验结果和我国就业影响因素的经验结果。

第3章是我国金融发展对就业的长期和短期影响分析。包括我国金融发展和就业的统计描述,多元回归模型和误差修正模型的设定,金融发展对就业水平的长期影响分析以及金融发展对就业水平的短期影响分析。

第4章是我国金融发展对就业影响的非对称效应分析。包括我国金融发展水平和就业的相关性统计描述,平滑转移向量自回归模型的设定,不同金融发展状态下金融发展对就业影响的分析和新常态下通过金融改革促进就业的启示。

第5章是我国金融发展对就业影响的地区差异性分析。包括相关变量的统计描述,我国各省份金融发展对就业影响的分析,我国东、中、西部金融发展对就业影响的差异性分析。

第6章是我国金融发展对不同所有制企业就业影响的差异性分析。包括国有企业和私营企业的融资约束及就业的统计描述,面板数据模型的设定,我国金融发展对不同所有制企业就业的长期影响分析,我国金融发展对不同所有制企业就业的短期影响分析。

前 言

第 7 章是我国金融发展对就业影响的周期差异性分析。包括国家层面金融发展对就业影响的周期差异性分析，地区层面金融发展对就业影响的周期差异性分析，企业层面金融发展对就业影响的周期差异性分析。

当然，鉴于笔者能力水平有限，在本书的撰写过程中，存在考虑不周和疏漏之处在所难免，恳请各位专家批评指正。本书的编写得到了很多学者和专家的帮助，并参考了一些文献和资料，有些资料无法一一列出，在此真诚地向这些学者、专家以及文献和资料的提供者表示感谢。

第1章　金融发展对就业影响的理论回顾

本书注意到已有文献主要分析金融发展对产出和失业等的影响，而关于金融发展对就业影响的文献相对较少。比如，Wasmer 和 Weil（2000）、Dromel 等（2010）在就业分析的搜索匹配模型（Pissarides，2000）中，引入信贷市场的不完善，分析得到了金融发展对就业的影响，认为低就业率的原因不仅是劳动力市场的摩擦性，而且包括信贷市场的不完善性，它是货币政策等引起的微观经济摩擦所导致的。Pagano 和 Pica（2012）基于数理模型推导出，金融发展不仅影响就业，而且会引起跨行业的就业再分配，得到金融发展提升就业水平的结论。Gatti 等（2012）通过理论和实证分析了金融市场对劳动力市场影响的传导机制。

在我国，黄英伟和陈永伟（2015）在理论方面，构建了一个带有融资约束的搜索匹配模型。根据这个模型，金融发展可以通过缓解企业家面临的融资约束，来增强其创造就业的能力。这不仅可以降低经济中的均衡失业率，而且可以缩短失业的持续性。此外，高就业创造成本会提高均衡失业率、延长失业的持续性，但金融发展可以抵消这些负面作用。

综上所述，本章首先介绍了基于附加融资约束的搜索匹配模型。其次通过比较不存在融资约束和存在融资约束的经济体，得到融资约束对企业创造就业岗位的影响。再次，阐述基于数理模型得到的金融发展对就业影响的理论。最后，分析了金融发展对就业影响的传导机制。

1.1 附加融资约束的搜索匹配模型

在原始的搜索匹配模型中，空缺岗位的创造更多地取决于企业的成本，而没有考虑到企业会有融资约束。但是，这在现实经济中是不成立的。企业创造就业岗位时会受到融资约束影响，从而，融资约束会导致企业家不会大量地增加空缺岗位。因此，随着金融发展水平的提高，企业面临的融资约束减缓，进而能促进更多的就业。

Pagano 和 Pica（2012）阐述了附加融资约束的搜索匹配模型。具体介绍如下：专注于宏观经济中信贷市场摩擦对就业影响的后果。为此，此论文只需引入一个简单的摩擦形式的信贷和信贷合同的理论模型。

关于工人的假定。所有工人有同样的偏好，此论文是风险中立者，未来会以折现率 ρ 的价格折现（$\rho > 0$），并且是连续时间的。工人以就业或失业其中之一的状态存在。就业工人的工资为 W（$W > 0$），不失一般性，假定工资是外生的。失业工人需要寻找工作，但没有收入。所有工人都把自己的储蓄存入银行。由于此论文是风险中立的，则其中储蓄对利息的弹性很小，于是假定利息率等于折现率。

关于企业家的假定。企业家没有个人财富，但有能力创造并管理大量的工作。创造一个新的工作岗位，需要一次性投入资本 K

（$K>0$），企业家必须向银行借款。一旦创造了空缺的工作岗位，只有雇用到合适的工人才能产生效果，关键是一个岗位所创造的产出 Y 满足 $Y>W$。企业家将这些产出总额分为自己的消费、雇员的工资和中国银行的利息。直到外部因素以概率 δ 将工作所破坏（$\delta>0$），在这种情况下，初始资本 K 被消亡。

存款利率 ρ 和贷款利率 r 是不断地重新动态调整的（$\rho>0$，$r>0$），而且银行之间是完全竞争的，所以该论文的结论得不到任何利润。

1.1.1 匹配过程

令 L 为已经就业工人的数量，同样等于已有的所有工作岗位。本书将总的工人数量标准化为 1，则 $1-L$ 为失业工人，而且正在找工作。令 V 为空缺职位的数量（外生变量），企业家正在寻找合适的工人来填满这些空缺的岗位。这个过程很费时间，此处忽略描述搜索活动，用函数 $Q(1-L,V)$ 来描述匹配过程的宏观经济结果，其中，函数 Q 表示单位时间内雇佣人数与失业人数和空缺岗位之间的雇佣关系（Pissarides，2000），该论文假设它具有递增性和凸性，而且在 R_+^2 上是连续可微的。

令 $\theta=V/(1-L)$ 表示劳动力市场的紧性，空缺岗位能找到工人的比率为 $Q(1-L,V)/V=Q(1/\theta,1)\triangleq q(\theta)$。根据匹配函数的假设，本书可以推断出 $q(\theta)$ 是一个关于 θ 的递减函数和可微函数。

对称地，失业工人的失业率为 $Q(1-L,V)/(1-L)\triangleq\theta q(\theta)$，是一个递增的和可微的函数。为简单起见，外部干扰导致失业的比率为常数 $\delta>0$。就业水平关于时间的变化是由就业人数的流入和流出决定的：

$$\dot{L} = \theta q(\theta) \cdot (1-L) - \delta \cdot L \qquad (1.1)$$

在稳定状态下，这被定义为 Beveridge 曲线，即称为 BC 曲线（如图 1-1 所示）。曲线方程如下：

$$L = \frac{\theta q(\theta)}{\delta + \theta q(\theta)} \qquad (1.2)$$

由图 1-1 大致可知，在由 (θ, L) 所对应的坐标系中，BC 曲线是向右上方倾斜和凸性的。当经济处在 BC 曲线左边状态时，就业水平较低，所以就业流出小于就业流入。因此，就业增加，经济向右移动。反之亦然。

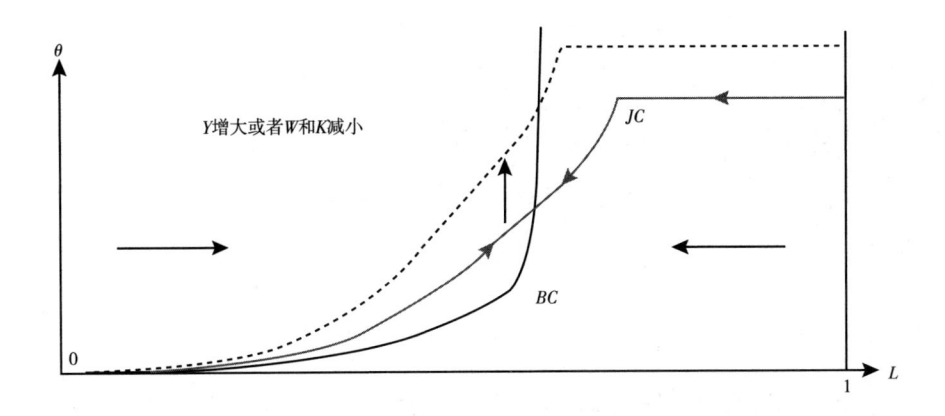

图 1-1　Y、W 和 K 变动的状态比较和稳态特征

1.1.2　企业家的选择

对企业家而言，非空缺岗位的产出为 Y，成本为工资 W 和对银行的补偿 $r \cdot K$。即一个非空缺岗位对企业家的价值 J 对应的资产方程为：

$$\rho \cdot J = Y - W - r \cdot K - \delta \cdot J + \dot{J} \qquad (1.3)$$

空缺的工作既不产生成本，也不产生收益。它变为非空缺岗位的概率为 Poisson 概率 $q(\theta)$，因此，空缺岗位的价值 J^V 对应的资产方程为：

$$\rho \cdot J^V = q(\theta)(J - J^V) + \dot{J}^V \tag{1.4}$$

1.1.3 银行的选择

对非空缺岗位而言，银行的收入为常数 $r \cdot K$，但是一个非空缺岗位以 Poisson 概率 $\delta > 0$ 被破坏，以及银行融资的成本为 ρ。因此非空缺岗位对银行的价值 B 对应的资产方程为：

$$\rho \cdot B = r \cdot K - \delta \cdot B + \dot{B} \tag{1.5}$$

类似地，当银行贷款对应于空缺岗位，则空缺岗位对应的贷款无力偿还，直到它变成非空缺岗位。因此，银行贷款所对应的空缺岗位的价值 B^V 对应的资产方程为：

$$\rho \cdot B^V = q(\theta)(B - B^V) + \dot{B}^V \tag{1.6}$$

各个银行在完全竞争状态下，降低贷款利率 r 直到零利润条件为止，即 $B^V - K = 0$。这也意味着 $B^V = K$ 和 $\dot{B}^V = 0$。因此，在每个时间点上利率需要调整使得：

$$B = K\left[1 + \frac{\rho}{q(\theta)}\right] \tag{1.7}$$

由（1.3）和（1.5）相加得到：

$$(\rho + \delta)(J + B) = Y - W + \dot{J} + \dot{B} \tag{1.8}$$

$J + B$ 等于非空缺岗位对企业家和银行的价值总和。它等于产

出 Y 减去工资 W，还包括对应的被破坏概率 δ。这个包含前瞻性变量的方程是不稳定的，假定每个时刻都包含着泡沫，可以得到：

$$J + B = \frac{Y - W}{\rho + \delta} \tag{1.9}$$

1.2 融资约束对企业创造就业岗位的影响

以下两种条件下可以创造新的工作岗位。

第一个条件是，假设创建一个空缺岗位的成本为 $C \geq 0$，创造一个工作岗位的净收益 J^V 应该是非负数，因此，$J^V \geq C$。如果这个约束条件具有约束力，则恒有 $J^V = C$ 和 $\dot{J}^V = 0$。利用（1.4）在每一个时点上有：

$$J = C\left[1 + \frac{\rho}{q(\theta)}\right] \tag{1.10}$$

以上表达式再结合（1.7）和（1.9）有：

$$\frac{Y - W}{\rho + \delta} = (C + K)\left[1 + \frac{\rho}{q(\theta)}\right] \tag{1.11}$$

当这个条件成立时，它定义了一个与就业水平无关的紧性水平和。这表现在由 (θ, L) 所对应的坐标系中，有一条平行于 L 轴的直线。当处在这条平行直线的下方时，紧性较低，即 $J^V > C$。因此，企业家愿意创造更多的空缺岗位。

第二个条件是，在企业家偏离均衡行为的情况下，银行要对贷款进行评估。实际上，工作岗位价值是至关重要的，因为它决定了银行同意提供的信贷额度。银行和企业家之间可能会有不同的合同摩擦（比如道德风险等），这也许可以解释为什么默认岗位价值很重要。当企业家违约时，本书假设银行成为工作岗位的管理者。然而，与企业家相比，银行在这一活动中的能力要低得多，而且在雇佣工人管理的关键工作方面相对不利。为了以最简单的方式研究这种信贷摩擦对失业的动态影响，在违约状态下，本书假设信贷的最高水平为 $K(V+L)$，这相当于经济以摩擦 $\frac{1}{\mu}$ 运行时给银行的所得。后一数字不过是所有非空缺岗位的总值。因此，

$$\mu \cdot L \cdot (J + B) \geq K(V + L), \mu \geq 1 \tag{1.12}$$

μ 越高，信贷市场就越宽松。实际上，在趋向于 μ 无穷大的情况下，企业家不再受到融资约束。利用 $V = \theta(1-L)$ 和（1.9）式，融资约束意味着在每个时间点有：

$$\theta = \left(\frac{\mu}{K} \frac{Y-W}{\rho+\delta} - 1\right) \frac{L}{1-L} \tag{1.13}$$

在方程（1.11）和方程（1.13）联立的状态下，企业家为了追求利润需要创造更多的空缺岗位，而且也能从银行获得信用贷款。空缺的数目上升，向上接近 θ。因此，直到满足两者之一的约束，企业家不断创造空缺。所以，在每个时间点必须满足如下条件：

$$\theta = \min\left\{q^{-1}\left[\frac{\rho(C+K)(\rho+\delta)}{(Y-W)-(C+K)(\rho+\delta)}\right]; \left(\frac{\mu}{K}\frac{Y-W}{\rho+\delta}-1\right)\frac{L}{1-L}\right\} \tag{1.14}$$

方程（1.13）并不取决于就业，而方程（1.14）则取决于就业的增加。因此，如图1-2所示，在 (θ, L) 所对应的坐标系中，方程（1.14）可以用 JC 曲线表示，即首先在约束条件下递增，然后在无约束状态下变为水平线。

如果融资约束即方程（1.13）不具有约束力，方程（1.11）保持相等，这决定了在每个时间点的 θ 处在稳定状态。根据方程

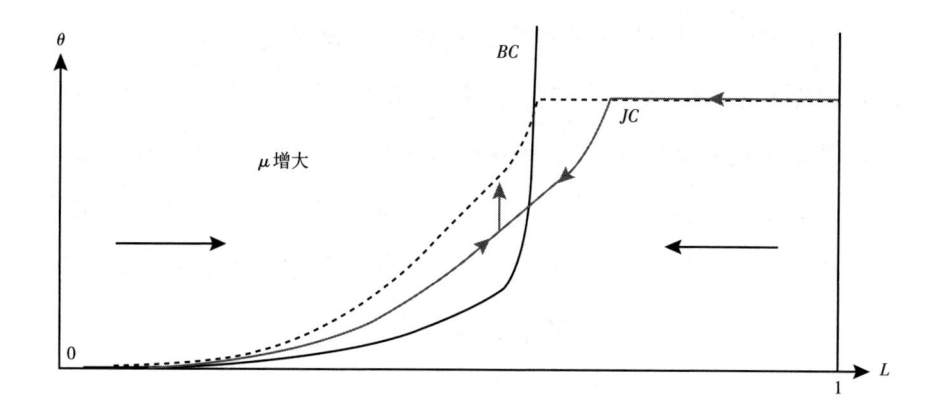

图 1-2 μ 变动的状态比较和稳态特征

（1.1），就业水平趋于自回归形式的稳态值。收敛的速度为 $\delta + \theta q(\theta)$。

假设信用约束存在。在 (θ, L) 所对应的坐标系中，方程（1.13）表示为向上倾斜和凸的关系。当 θ 趋于 0 时，L 也趋向于 0。当 θ 趋于 ∞ 时，经济趋于充分就业。在融资约束的稳定状态下，利用方程（1.2）替代方程（1.13）中的 L，使得：

$$\frac{\delta}{q(\theta)} = \frac{\mu}{K} \frac{Y-W}{\rho + \delta} - 1 \tag{1.15}$$

方程（1.15）的等号左边关于 θ 递增，所以这个方程，在大多数情况下是一个解。此外，根据这个解可知，紧性 θ 随着产出 Y 和融资约束参数 μ 的增大而增大，但随工资 W 和资本 K 的增大而减小。

在图 1-1、图 1-2 和图 1-3 中，经济的稳定状态由 BC 曲线和 JC 曲线的增加部分来表述。如图 1-1 所示，当生产率 y 上升或者工资 W 和资本 K 下降时，JC 曲线向右上方移动。如图 1-2 所示，当金融市场发展水平提高（μ 增大），只是 JC 曲线的增长部分向上移动。如图 1-3 所述，当企业创造空缺岗位的效用成本 C

减少时，仅仅是 JC 曲线的扁平部分移动。符合由方程（1.15）定义的融资约束稳态具有比较静态性质，BC 曲线总是比 JC 曲线的增加部分更陡峭。如图1-1、图1-2和图1-3所示，在 BC 曲线和 JC 曲线的交点处，前者总是更陡峭，交叉点决定了是否对应于 JC 曲线的融资约束部分。以上导致两个结果：第一，除了零点 $L = \theta = 0$，至多存在一个稳态均衡。第二，因为 JC 曲线反映每一个时间点的经济，则非零的均衡点是动态变动的。

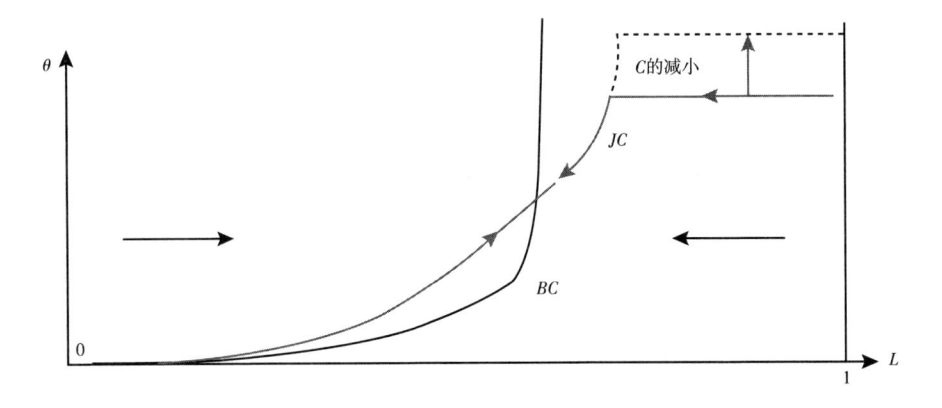

图1-3　C 变动的状态比较

融资约束对企业创造岗位的影响分析。现在检验：当融资约束方程（1.13）存在时，失业率是否会或多或少持续存在。因为在融资约束下，空缺岗位创造条件是时时成立的。将方程（1.13）代入方程（1.1）可得：

$$\frac{\partial \dot{L}}{\partial L} = -[\delta + \theta q(\theta)] + [1 - \eta(\theta)] \cdot \frac{\theta q(\theta)}{L} \tag{1.16}$$

这里，$\eta(\theta) = -\dfrac{\theta q'(\theta)}{q(\theta)} \in (0,1)$ 表示匹配函数 Q 关于失业波动的弹性。利用方程（1.2）给出就业的变动：

$$\frac{\partial \dot{L}}{\partial L} = -\eta(\theta)[\delta + \theta q(\theta)] \tag{1.17}$$

因此，存在融资约束时，就业收敛到一个较低的均衡值。为了更好地理解，在紧性条件下，本书令 $L^*(\theta) = \theta q(\theta)/[\delta + \theta q(\theta)]$ 为就业水平在劳动流出和流入相等时的均衡值。当紧性 θ 是常数时，这是无约束体制中的情况，就业以一种自回归的方式收敛到固定的目标值 $L^*(\theta)$。相反地，在有约束的体制下，紧性 θ 在就业水平 L 中是增加的，随着它的增加，就业水平对应违约时的担保资产也会增加。那么，在就业水平低于目标值 $L^*(\theta)$ 时，与"结构再平衡"的原因及不受约束的原因相同，就业水平会增长。然而，这种增加反过来意味着目标值 $L^*(\theta)$ 的增加。事实上，向稳定状态的收敛通常会被延迟，这也解释了为什么在受约束的状态下，就业将以较慢的速度收敛。

为了明确在有约束和无约束两种状态之间的持久性差异有多大。注意到在稳态附近，无约束的收敛速度是由 $\delta + \theta q(\theta)$ 确定的，而有约束的收敛速度由 $\eta(\theta)[\delta + \theta q(\theta)]$ 确定的。根据已有文献的结论可知，当 $\eta(\theta) = 0.5$ 时，匹配函数的弹性最可信。因此，它们趋向于稳态时具有相同的收敛速度（相当于 θ），在融资约束下会减少一半。此外，由于约束状态是与较低的紧性值相关，收敛速度会更慢。以下阐述可以说明这种推理。本书认为有两个经济体初始就业水平和相同的稳定状态就业。第一个经济体受到融资约束，其岗位空缺率由方程（1.13）给出。第二个经济体不受融资约束，因此它的紧性是持续存在的，稳态水平由方程（1.11）给出。可以比较两种经济体的就业动态转移特征。

校准检验每年进行一次，目的是与已有经济相匹配。假设匹配函数为以下对称的 Cobb-Douglas 函数形式：$Q = A(1-L)^{1/2}V^{1/2}$。工作岗位被破坏的概率 $\delta = 0.10$，因此就业的持续周期是 10 年。以 9% 的稳定失业率为目标，平均空缺时间 6 周，给出匹配函数的缩放参数和 $A = 0.34$ 和稳态紧性 $\theta^* = 8.76$。利用方程（1.15）隐含着 $\dfrac{\mu}{K}\dfrac{Y-W}{\rho+\delta} - 1 = 0.866$。然后，本书通过求解方程（1.1）模拟动态调整过程。在融资约束情形下，根据方程（1.13）紧性为 $\theta = 0.866\dfrac{L}{1-L}$，但在没有融资约束的情况，紧性则被设定为稳态值 $\theta^* = 8.76$。

图 1-4 显示了这两种经济体中，就业 L 和紧性 θ 的动态变动特征。从最初 10% 的失业率开始（也就是就业率 $L = 0.90$），在有融资约束经济中，它需要大约 8 年来达到均衡稳定水平（实线）。而在无融资约束的经济中，只要 1.5 年就能达到均衡稳定水平的 $\dfrac{4}{5}$（虚线），相应地，存在融资约束的经济体延迟 3 年左右。这一比值与之前的理论结论一致：在稳定状态下，匹配函数的弹性 $\eta(\theta) = 0.5$。

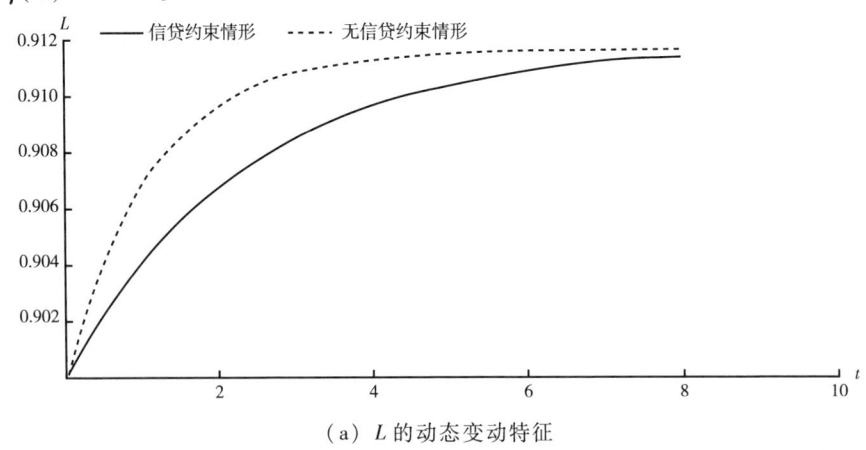

(a) L 的动态变动特征

(b) θ 的动态变动特征

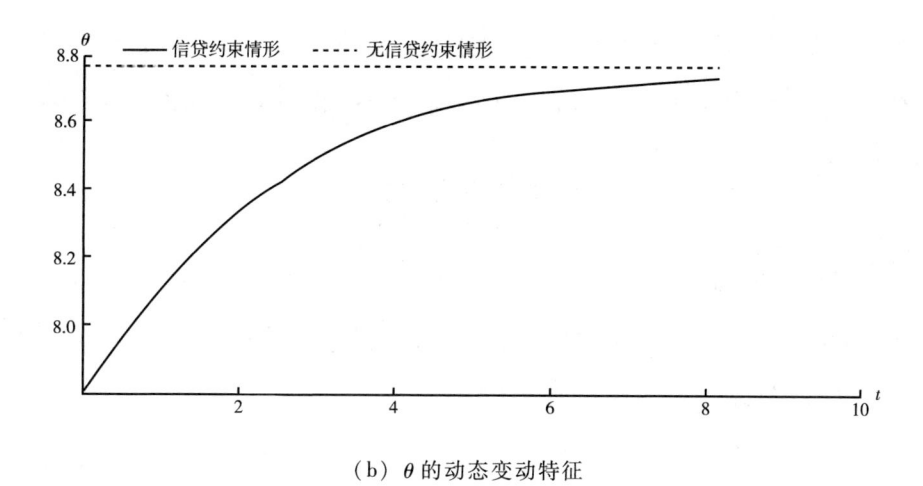

图 1-4　L 和 θ 的动态变动特征

在这项检验中，假设工资水平 W 是外生且固定的。在内生工资的框架中，工资通常会随着紧性 θ 的增加而增加（Pissarides，2000）。因此，在无融资约束的经济体中工资将在动态调整中保持不变。而在有融资约束的经济体中，工资会随着动态调整而不断增加，只是紧性和就业率的调整幅度不断地降低。这个结论意味着，将工资设定为内生的有助于强化金融发展机制。因此，本书认为融资约束对失业的持续有重要的影响。

综上所述，在信贷市场不完善的经济体中，金融发展不仅会影响就业水平，而且会影响失业的持续性。论证得到，这些融资约束不仅减少了均衡状态的就业率，而且减缓了失业人员找到空缺岗位的动力。

1.3　基于数理模型的金融发展对就业的影响

Pagano 和 Pica（2012）在已有研究文献的基础上，基于数理模型推导出金融发展对就业的影响。尤其是阐述了不同融资约束的企业对就业影响的差异性等。以下简单阐述此论文的理论。

1.3.1 金融发展对劳动力市场的影响

首先，此论文假定经济中有一个厂商和同质的企业，产品市场和劳动力市场是完全竞争的。企业生产利用了资本 K 和劳动 L 的 C-D 生产技术。则企业的产出为

$$Y = \theta K^{1-\alpha} L^{\alpha} \tag{1.18}$$

其中 θ 是反映技术的参数，$\alpha \in (0,1)$。给定技术参数和规模报酬参数，在没有融资约束情形下企业没有最优规模。假定单位资本的价格为 1，工资记为 W。这表明企业除了自有资本 A 外，可以从完全竞争的银行借到所需要的任何资金，为了简单起见，假定利率为 0。

从银行借款的能力受限于道德风险问题：在偿还贷款之前，企业家先提取不多于 $1-\lambda$ 倍的总利润 $Y-WL$ 作为私人收益 B，私人利益从银行而不是雇员的费用中提取。在法律的保护下，参数 λ 反映银行审查和掌控的能力，即测度了经济中的金融发展水平，它取决于中介机构的效率和法律制度的质量。

包括如下三个阶段（$t = 1,2,3$）：

（1）融资阶段：企业家借入资金 F，连同此论文的自有资产 A，购买资本 K；

（2）劳动力雇佣阶段：企业家雇佣工人数 L；

（3）生产阶段：该公司产出为 Y，工人得到工资收入为 WL，企业家提取私人收益 B，剩下的归银行所有。

具体地,在 $t = 3$ 时,即每个企业家得到最大化的私人收入 $B = (1 - \lambda)(Y - WL)$,因为在过去的两个阶段,企业的投入选择得到了最优的收益。

在 $t = 2$ 时,企业家选择工人数 L,使其个人收益 B 最大化,因为在可投资资源为 $A + F$ 的融资阶段,资本 K 是给定的。企业家个人的最终收益必须超过他的初始资本 A,这也是他投资的动力。因此,雇佣问题可以写作:

$$\max_L B = (1 - \lambda)(Y - WL) \tag{1.19}$$

满足企业家参与的约束条件 $B \geq A$。将方程(1.18)中的 Y 代入方程(1.19)可得,最大化下的企业劳动力需求是资本和工资的函数:

$$\hat{L} = \left(\frac{\alpha\theta}{W}\right)^{\frac{1}{1-\alpha}} K \tag{1.20}$$

企业家对应的私人收益为:

$$\hat{B} = (1 - \lambda)\left[(1 - \alpha)\left(\frac{\alpha}{W}\right)^{\frac{\alpha}{1-\alpha}}\theta^{\frac{1}{1-\alpha}}\right]K = (1 - \lambda)\varphi(W)K \tag{1.21}$$

其中 $\varphi(W)$ 表示单位资本的投资利润,是工资 W 的减函数:$\varphi'(W) < 0$。利用方程(1.21),约束条件 $B \geq A$ 可以写作:

$$(1 - \lambda)\varphi(W)K \geq A \tag{1.22}$$

在 $t = 1$ 时,企业不亏本即可承诺收入 $\lambda(Y - WL)$,为企业最大化银行贷款 F。这些计算假定,企业在 $t = 2$ 时的最优雇佣由方程(1.20)给出,相应的收入为 $\hat{Y} = \theta K^{1-\alpha} \hat{L}^{\alpha}$。银行贷款 F 的盈亏平衡水平为:

$$F = \lambda(Y - WL) = \lambda\varphi(W)K \tag{1.23}$$

这里，最优的劳动力需求量 L 由（1.23）所表述。因为 $\varphi'(W) < 0$，企业的可承诺收入和外部资本 F 均为工资 W 的减函数。企业家可在超出自有资本 A 外投资，总的可用投资资源为 $F + A$：

$$K \leq A + F = A + \lambda\varphi(W)K \tag{1.24}$$

这约束意味着，企业可承诺每单位资本的报酬为 $\lambda\varphi(W)$。于是出现以下两种情况。

（1）如果 $\lambda\varphi(W) \geq 1$，银行愿意给企业借任意数额的资金：约束条件方程（1.24）不成立，比如，企业没有融资约束。在这种情形下，企业的资本，就业和产出不依赖于企业家的自有资本 A 和金融发展水平 λ。

（2）如果 $\lambda\varphi(W) < 1$，即 1 单位的投资产生少于 1 单位的可承诺收入，因此融资约束方程（1.24）成立。也就是说，它决定了企业的资本存量：

$$K(W) = \frac{A}{1 - \lambda\varphi(W)}, \varphi(W) < \frac{1}{\lambda} \tag{1.25}$$

它是 W 的减函数：工资越高投资收益 $\varphi(W)$ 越少，收紧了公司配给的约束。假定工资的下门限为 $\underline{W}$，即企业支付的工资是不低于它的：

$$\underline{W} = \varphi^{-1}(1/\lambda) = \alpha\left[\lambda(1-\alpha)\right]^{\frac{1-\alpha}{\alpha}}\theta^{\frac{1}{\alpha}} \tag{1.26}$$

如果工资低于这个水平，企业将受益于银行不再有信贷配给。但是当 $W > \underline{W}$ 时，融资约束将起作用。

然而，工资不能高于企业家愿意生产的约束方程（1.22），$K = K$，否则将阻碍投资。这些条件要求 $\varphi(W) \geq 1$，也就是说，只有工资低到一定程度，投资才是可行的。这是非常直观的：除非 1 单位的投资能得到不少于 1 单位的收益，企业家才愿意投资；这个条件转化为工资的上门限 $\bar{W}$，即企业家投资，W 不能超过：

$$\bar{W} = \varphi^{-1}(1) = \alpha(1-\alpha)^{\frac{1-\alpha}{\alpha}} \theta^{\frac{1}{\alpha}} \tag{1.27}$$

因此，企业对资本的限制性需求为：

$$K_c^D = \begin{cases} 0 & \text{if } W > \bar{W} \\ K \in [0, \hat{K}(\bar{W})] & \text{if } W = \bar{W} \\ \hat{K}(W) & \text{if } W \in (\underline{W}, \bar{W}) \end{cases} \tag{1.28}$$

这里 $\hat{K}(W)$ 由方程（1.25）给出。和企业需求对应的劳动力需求为：

$$L_c^D = \begin{cases} 0 & \text{if } W > \bar{W} \\ L \in [0, \left(\frac{\alpha\theta}{W}\right)^{\frac{1}{1-\alpha}} \hat{K}(\bar{W})] & \text{if } W = \bar{W} \\ \left(\frac{\alpha\theta}{W}\right)^{\frac{1}{1-\alpha}} \hat{K}(W) & \text{if } W \in (\underline{W}, \bar{W}) \end{cases} \tag{1.29}$$

也就是说，当工资超过门限值 $\bar{W}$ 时，劳动力需求为 0，因此投资是不可行的；当工资等于上门限值 $\bar{W}$ 时，劳动力需求是正值但不确定，是工资的减函数。直观地，越高的劳动力成本，越低的企业可承诺收入，导致越紧的融资约束和越低的劳动力需求。当工资接近下门限值 $\underline{W}$ 时，劳动力的需求趋于无穷大。

在给定工资水平 W 下：越高的金融发展水平 λ，越多的限制性资本存量 $\hat{K}(W)$。这将导致强劲的劳动力需求：银行对借贷者而言，缺少可利用的良机，宁愿借给每个可承诺收入的企业更多的资金，使得企业可以更多地投资和雇用更多的工人。

1.3.2 金融发展视角下的劳动力市场均衡

此论文假定劳动力供给是工资 W 的非递减函数 $L^s(W)$。要求它和方程（1.29）中的限制性劳动力需求 L_c^D 相等，可得到均衡的劳动力数量 L^* 和工资水平 W^*：

$$\left(\frac{\alpha\theta}{W^*}\right)^{\frac{1}{1-\alpha}} \frac{A}{1-\lambda\varphi(W^*)} = L^S(W^*) \tag{1.30}$$

如果劳动力供给是工资水平的增函数，这个均衡点是存在且唯一的，使得所有企业在约束条件下是均衡的。如果劳动力供给在 $W^s > \underline{W}$ 条件下是完全弹性的也能得到相同的结论。

图1-5反映了金融发展水平从 λ 到 λ' 对劳动力市场的影响：劳动力需求曲线向右上方移动，在工资门限值 $\underline{W}$ 附近变得很平坦。因此，金融发展增加了均衡就业、产出和工资。

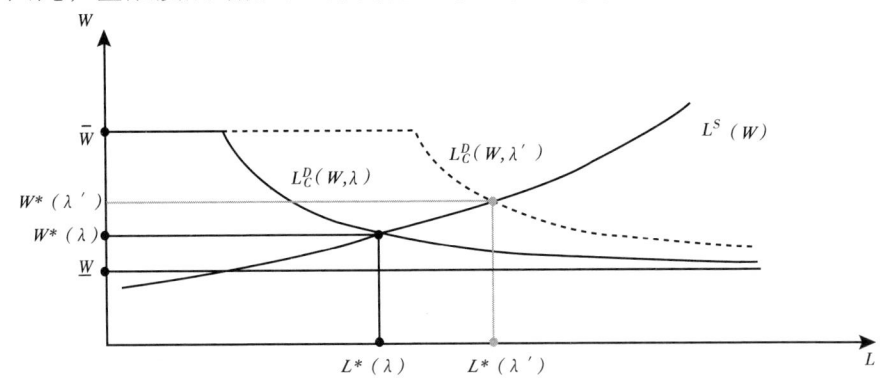

图1-5 金融市场发展对劳动力市场的影响：一个企业情形

需要注意的是，金融发展增加均衡工资归因于企业资本对劳动的替代，即资本集约度 $(W^*/\alpha\theta)^{1/(1-\alpha)}$，从而增加劳动边际产出率

(W^*）和平均劳动生产率（W^*/α）。由模型可得，金融发展不仅促进就业，而且提高劳动生产率。至于就业和生产率效应的分解取决于劳动力供给的弹性。越平坦的劳动力供给曲线，就业效应越大；越陡峭的曲线，对工资和生产率的影响越大。最后，在工资的劳动供给弹性 ε^s 中，就业是 λ 的增函数：

$$\frac{dL^*}{d\lambda}\frac{\lambda}{L^*} = \frac{\lambda\varphi(W^*)}{1-\lambda\varphi(W^*)+\dfrac{1-(1-\alpha)\lambda\varphi(wW^*)}{(1-\alpha)\varepsilon^s}} \tag{1.31}$$

相反地，均衡工资对金融发展水平 λ 的弹性与工资的劳动供给弹性 ε^s 有关，即

$$\frac{dW^*}{d\lambda}\frac{\lambda}{W^*} = \frac{\lambda\varphi(W^*)}{[1-\lambda\varphi(W^*)]\varepsilon^s+\dfrac{1-(1-\alpha)\lambda\varphi(W^*)}{1-\alpha}} \tag{1.32}$$

基于该模型还可以分析，即提升企业 i 的盈利能力参数 θ_i，对均衡就业的影响：

$$\frac{dL^*}{d\theta_i}\frac{\theta_i}{L^*} = \frac{1}{1-\alpha}\frac{1}{[1-\lambda\varphi(W^*)]} \tag{1.33}$$

它随着金融发展水平 λ 的增加而增加。其经济含义解释为：在越发达的金融环境下，企业越能利用好投资环境，从而使就业和产出得到增加。

1.3.3 基于不同企业的金融发展对就业的影响分析

在包含多个同质公司所组成的一个行业的数理模型基础上，以下将扩展到异质性公司的情况，以此测度岗位在不同公司重新分配的程度。

这里假定经济中有两个企业 H 和 L，除了企业 H 比企业 L 具有

更高的收益能力（$\theta_H > \theta_L$）外，两个企业还具有相同的 C-D 生产技术：

$$Y = \theta K^{1-\alpha} L^{\alpha}$$

其中 θ 是反映技术的参数，$\alpha \in (0,1)$。给定技术参数和规模报酬参数，在没有融资约束情形下企业没有最优规模。假定单位资本的价格为 1，工资记为 W。这表明企业除了自有资本 A 外，可去从完全竞争的银行借到所需要的任何资金，为了简单起见，假定利率为 0。

假定劳动力在企业间可以完全流动，这样可以假定工人有单一的工资。两个企业有不同的产品，卖不同的价格。假定 θ_i（$i = H, L$）代表企业 i 总的生产率。Y_H 和 Y_L 分别代表两个企业各自的收益，本书假定产品的价格是给定的。企业 H 和企业 L 在劳动力市场是完全竞争的，但产品市场不是完全竞争的。

企业 i 的劳动力需求为 $L_{C,i}^{D}$：

$$L_{C,i}^{D} = \begin{cases} 0 & \text{if } W > \overline{W} \\ L \in \left[0, \left(\frac{\alpha \theta_i}{\overline{W}}\right)^{\frac{1}{1-\alpha}} \frac{A}{1 - \lambda \varphi_i(\overline{W})}\right] & \text{if } W = \overline{W} \\ \left(\frac{\alpha \theta_i}{W}\right)^{\frac{1}{1-\alpha}} \frac{A}{1 - \lambda \varphi_i(\overline{W})} & \text{if } W \in (\underline{W}, \overline{W}) \end{cases} \quad (1.34)$$

其中 $\varphi_i(\overline{W}) \equiv (1-\alpha)(\alpha/W)^{\frac{\alpha}{1-\alpha}} \theta_i^{\frac{1}{1-\alpha}}$，为企业 i 的投资收益。如果工资高于如下门限值，企业 i 将没有劳动力雇佣：

$$\overline{W}_i = \varphi_i^{-1}(1) \equiv \alpha(1-\alpha)^{\frac{1-\alpha}{\alpha}} \theta_i^{\frac{1}{\alpha}} \quad (1.35)$$

相反地，当工资超过如下的最低门限值时，企业愿意吸纳任意数量的劳动力：

$$W_i = \varphi_i^{-1}(1/\lambda) \equiv \alpha[\lambda(1-\alpha)]^{\frac{1-\alpha}{\alpha}} \theta_i^{\frac{1}{\alpha}} \quad (1.36)$$

因为以上表达式均为 θ_i 的增函数，所以企业 H 的门限值都大于企业 L 的门限值：其中 $\overline{W}_H > \overline{W}_L$ 意味着，在一些工资水平下，企业 H 能运行但企业 L 不能。而 $\underline{W}_H > \underline{W}_L$ 意味着，在整个经济体中，企业 H 的劳动力需求的最低工资水平为 $\underline{W}_H$，企业 L 也不希望支付给工人的工资低于此水平。但事实上，这个最低工资可能会高于企业 L 能支付的工资水平。以上两式成立的条件是：

$$\lambda^{1-\alpha}\theta_H > \theta_L \quad (1.37)$$

这要求 λ 足够大。其中当资本市场是完全（$\lambda = 1$）时，由 $\theta_H > \theta_L$，则式（1.37）成立。因此，当市场足够发达时，通过劳动力市场的竞争，更具竞争力的企业将挤垮不具有竞争力的企业。直观地，随着 λ 的增大，银行更愿意借贷给具有竞争力的企业，促使企业能大量雇用工人，并且提高工资到这一个水平，即促使不具有竞争力的企业退出市场。

但是，如果将同样的逻辑应用到金融发展水平，使得工资水平落在区间 $[\underline{W}_H, \overline{W}_L]$，这时两个企业都能正常运行。在此区间里，随着金融发展水平的提高，更多比例的资源分配给了具有较强竞争力的企业，实际上是排挤了缺少竞争力的企业（虽然不是使其完全倒闭）。具体地，假定 λ 足够低，使得均衡工资 W^* 小于 $\overline{W}_L$，虽然企业 L 获得正的收益，但其劳动力需求曲线朝着减少的方向移动。在这个区间里，劳动力市场均衡时的劳动力总需求是各自劳动

力需求 ($L_{C,H}^D + L_{C,L}^D$)，见图1-6中的劳动力需求曲线 $L^S(W)$，即

$$\left(\frac{\alpha\theta_H}{W^*}\right)^{\frac{1}{1-\alpha}}\frac{A}{1-\lambda\varphi_H(W^*)} + \left(\frac{\alpha\theta_L}{W^*}\right)^{\frac{1}{1-\alpha}}\frac{A}{1-\lambda\varphi_L(W^*)} = L^S(W^*) \tag{1.38}$$

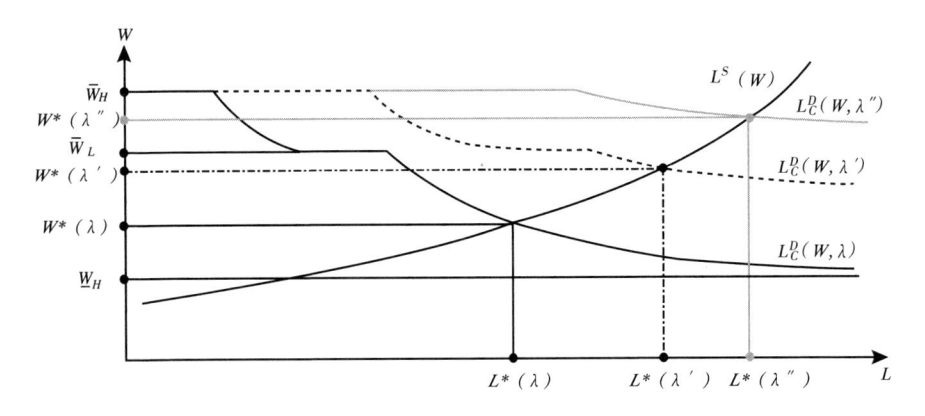

图1-6 金融发展对劳动力市场的影响：两个企业情形

方程（1.38）表明，类似于在一个模型中，有两个企业的情形下，当金融发展水平从 λ 增加到 λ' 时，也会增加劳动力的需求。但是，金融发展对强竞争力企业的收益多于弱竞争力的企业。直观地，在劳动力市场上，面对大量的金融资源，强竞争力企业容易比弱竞争力企业出更高价。企业 i ($i=H,L$) 均衡就业，利用金融发展水平 λ 的函数来反映：

$$\frac{dL_i^*}{d\lambda}\frac{\lambda}{L_i^*} = \frac{\lambda\varphi_i(W^*)}{1-\lambda\varphi_i(W^*)}\left[1-\frac{\alpha}{(1-\alpha)}\frac{dW^*}{d\lambda}\frac{\lambda}{W^*}\right] - \frac{\alpha}{(1-\alpha)}\frac{dW^*}{d\lambda}\frac{\lambda}{W^*} \tag{1.39}$$

因此，两个企业就业的金融弹性之差反映它们的差异：

$$\frac{dL_H^*}{d\lambda}\frac{\lambda}{L_H^*} - \frac{dL_L^*}{d\lambda}\frac{\lambda}{L_L^*} = \\ \left[\frac{\lambda\varphi_H(W^*)}{1-\lambda\varphi_H(W^*)} - \frac{\lambda\varphi_L(W^*)}{1-\lambda\varphi_L(W^*)}\right]\left[1-\frac{\alpha}{(1-\alpha)}\frac{dW^*}{d\lambda}\frac{\lambda}{W^*}\right] \tag{1.40}$$

这个表达式是正的，因为以上两个括号的表达式均为正：首先，因为 $\lambda\varphi_i(W^*)/1-\lambda\varphi_i(W^*)$ 是 $\varphi_i(W^*)$ 的增函数；其次，其余部分如果为负的话，则与 λ 增加使得总就业增加相矛盾。因此，金融发展水平的提升将更多地增加强竞争企业的就业，而且有可能使得弱竞争企业的就业缩减。如图 1-6 所示，当 λ 增加到 λ'' 时，会导致均衡工资的增加，最终导致弱竞争力企业消失。虽然 λ 的增加减少了企业 L 的就业，但同时更多地增加了企业 H 的就业，于是总的均衡就业是增加的。因此，金融发展不仅仅是增加了总就业、劳动生产率和工资，还导致了就业在企业间的重新分配。这种金融发展的效应与已有文献 Pica 和 Mora（2011）的结论是类似的。该论文认为，通过劳动力市场中公司的竞争，贸易导致资源配置趋向于更有效率的公司，而效率低的公司最终退出市场。

除了直接促使工作重新分配，通过生产率和价格的波动，金融发展改变企业的收益，进而放大了再分配。比如说，在两个企业中，对每个企业收益参数 θ_i 都是增加的，接着来看劳动力需求的收益弹性：

$$\frac{dL_i^*}{d\theta_i}\frac{\theta_i}{L_i^*} = \frac{1}{1-\alpha}\frac{1}{1-\lambda\varphi_i(W^*)} \qquad (1.41)$$

由于 $\varphi_H(W^*) > \varphi_L(W^*)$，方程（1.41）表明：金融发展不仅使得盈利能力更大的企业 H 增加就业，而且金融发展水平 λ 的增加对就业增加的影响存在差异性。对不同盈利能力的企业，金融发展对其影响存在很大的区别，进而放大了就业的再分配。

在两企业模型中允许无约束企业。由上述分析可知，由于盈利能力的冲击，金融发展触动了或者放大了就业在企业间的再分配。但是没有考虑到现金流的冲击。这种情况下，金融发展有反作用，且具有稳定的影响。

假定企业基于相同的规模 $\bar{K}$，因为有不同的盈利能力，它们具有不同的融资机制：随着 λ 的增加，相对弱竞争力企业，强竞争力企业可以进入无约束机制。如表 1-1 所示，本书分三个区域来看。

表 1-1 不同金融发展水平对应的融资约束

区域	金融发展水平	融资机制
区域 A	$\lambda < \dfrac{\bar{K}-A}{\bar{K}} \dfrac{1}{\varphi_H(W^*)}$	所有企业都有融资约束
区域 B	$\lambda \in \left[\dfrac{\bar{K}-A}{\bar{K}} \dfrac{1}{\varphi_H(W^*)}, \dfrac{\bar{K}-A}{\bar{K}} \dfrac{1}{\varphi_L(W^*)}\right]$	企业 L 有融资约束 企业 H 无融资约束
区域 C	$\lambda \geq \dfrac{\bar{K}-A}{\bar{K}} \dfrac{1}{\varphi_L(W^*)}$	所有企业均无融资约束

由表 1-1 可知，因为只有受融资约束影响的企业才会对现金冲击有影响，即在区域 A，所有的企业都受影响；在区域 B，只有企业 L 受影响；在区域 C，所有的企业都不受影响。因此，当 λ 从区域 B 到区域 C 时，企业间的再分配受现金流冲击的效应减少到零。这有助于证明，金融发展的就业再分配不一定是增长的。因为通过减少一部分融资约束型企业，使得企业最终脱离对现金流冲击的依赖。

在以上分析中，劳动力假定是同质的，而且在两个企业之间是完全自由流动的。融资约束的减弱或者其他经济冲击能使得劳动力再分配。出于同样的原因，单一的工资存在于整个劳动力市场。如果工人不能自由地在两个企业间流动，即因为就业能力需要特定的行业和不可逆转的人力资本投资，从而企业间工资的差异性会出现在均衡状态，而且可以拓展到其他冲击。如果岗位保护措施增加了工人的企业间重新分配的阻力，以上现象同样可以发生。依据以上逻辑，这里的模型框架不适合于高度发展的金融体系。在实践中，更多的情形是介于二者之间，即劳动力既不是完全移动，也不是完全不移动：一些（尤其是年轻的）工人为了满足需要，可以通过再培训在企业间移动，因此金融冲击可能导致就业的再分配和工资的差异性增长。

1.3.4 对应的数理结论

在两个企业模型中，通过分析金融发展对两个企业影响的差异性，可得如下结论：第一，随着金融发展水平的提高，各个企业的容纳就业的能力有所增强，同时金融发展扩大了盈利能力对就业的影响；第二，金融发展产生就业再分配，导致强融资约束企业驱逐弱融资约束企业。

1.4 金融发展对就业影响的传导机制

基于金融发展对就业影响的国内外文献，得到金融发展对就业影响的传导机制如图1-7所示。

由图1-7可知，金融发展可以通过以下三种路径促进就业。第一，金融发展通过金融规模扩大，增加金融企业的数量，从而创造更多新的就业岗位，直接促进就业。第二，金融发展减缓融资约束，有利于企业投融资，使其增加就业岗位，进而促进就业。第三，金融发展加强教育、职业培训等融资能力，促进劳动力素质的提高，使结构性失业的工人能够重新找到合适的工作。

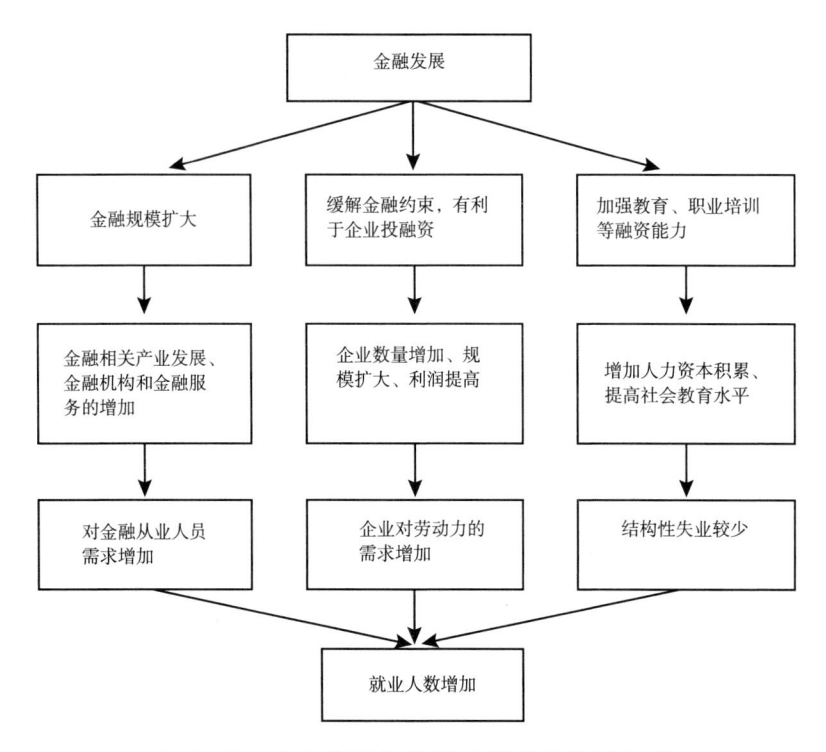

图 1-7　金融发展促进就业影响的传导机制

综上所述，综观已有金融发展和就业的相关研究可知，金融发展对就业的研究存在诸多的不确定性。

第一，缓解融资约束使得企业投资于更多的资本密集型技术，从而使得技术进步，进而增加的是产出而不是就业。这意味着实证分析中，金融和经济增长之间的关系不需要机械地转化为金融和就业之间的关系。

第二，虽然金融发展导致就业增长，但是金融发展也会导致大量的工作岗位在行业内部频繁地再分配。当然，高度发达的金融中介机构可以提供大量的企业基金对冲就业的流动性，从而有助于稳定就业和产出。因此，原则上发展好的金融市场不会引起就业岗位的再分配。

第三，关于是否越发达的金融市场，越会加剧针对全球的危机，越会减少就业和产出。经济学家的代表性结论是，越是依赖金融市场的平稳运行，对就业和产出的冲击就越严重。因此，正常情况下，金融发展可以促进就业和产出的增长。当然，金融危机可能会加剧就业的收缩。

因此，围绕以上存在争议的问题，本书拟开展的研究包括以下内容。第一，基于国家层面数据，从不同周期的视角，分析我国金融发展对就业的影响。第二，在不同的金融发展水平状态下，分析金融发展水平对就业影响的非对称性。第三，我国金融发展对就业影响的区域差异性分析。第四，国有和私营制造业企业的融资约束对就业影响的差异性分析。第五，频域视角下我国金融发展对就业的影响分析。

第2章 金融发展对就业影响的经验研究方法与结果

以金融发展和就业为主题的相关研究包括，曹啸和吴军（2002）、白当伟（2004）、白钦先和谭庆华（2006）、陈守东等（2008）、马海英和王立勇（2009）、陈耿等（2015）、刘仙梅（2015）、陈创练等（2016）、陈明华等（2016）、陈梅等（2017）。

基于面板数据模型、非线性体制转移模型和频域分析等对以上问题分析的文献包括，徐正国和张世英（2007）、饶华春（2009）、苏基溶和廖进中（2009）、乔海曙和陈力（2009）、李颖等（2010）、陈磊等（2012）、李青原等（2010）、汪卢俊（2014）、王少平（2014）、瞿慧和杨洋（2015）、肖强等（2015）、李苗苗等（2015）。

以下部分将详细阐述面板数据、非线性体制转移模型和频域分析等模型在金融发展和就业等方面的应用。

2.1 金融发展对就业影响的差异性测度方法

在我国，黄英伟和陈永伟（2015）利用 2001～2009 年的省级面板数据，使用差分广义矩估计方法，对附加融资约束的数理模型进行了检验，实证结果认为我国金融发展对就业的影响符合数理模型的结论。

唐时达等（2015）在不同的劳动流动程度下，分析了直接融资和间接融资哪种模式对促进就业更有效，并认为我国当前仍以间接融资为主。

凌江怀和姚雪松（2015）认为金融规模的扩大能直接拉动城镇就业，促进城镇企业发展间接拉动城镇就业。然而金融系统中存贷款比率上升对城镇就业具有负向的影响，即金融效率对就业有负向影响关系。政府应加强金融风险的防范和管理。

杨楠和马绰欣（2014）突破了多数已有研究中参数在时间上的不变性限制，测度了我国金融发展对城乡收入差距的影响。认为存在整体上的动态倒 U 特征和地区间的显著阶段性差异，Ⅰ类地区（北京、上海）、Ⅱ类地区（辽宁、山东等）目前处于金融发展抑制城乡收入差距扩大的阶段，Ⅲ类地区（山西、河北等）在 2018 年进入该阶段，而Ⅳ类地区（甘肃、青海等）在近 10 年内不会进入该阶段。

综上所述，在以上金融发展对就业影响的相关研究中，主要采用的经验方法是面板数据模型。

2.1.1 面板数据模型简介

面板数据能反映时间上和空间上的异质效应。而时间序列数据和横截面数据分析没有控制这种异质性，因而其结果很可能是有偏的。

假设被解释变量（标量）为 y_{it}，解释变量为 x_{it}（$k \times 1$ 阶列向量）。针对面板数据可以构建混合模型、固定效应模型或者随机效应模型。

其一，混合模型为：

$$y_{it} = \alpha + X'_{it}\beta + \varepsilon_{it}, i = 1,2,\cdots,N; t = 1,2,\cdots,T$$

其中 α 为截距项，β 为斜率系数，ε_{it} 为误差项。

其二，固定效应模型分为个体、时点和个体时点三类。

个体固定效应模型为：

$$y_{it} = \alpha_i + X'_{it}\beta + \varepsilon_{it}, i = 1,2,\cdots,N; t = 1,2,\cdots,T$$

其中，α_i 表示不同的截距项，对应强假定条件是：

$$E(\varepsilon_{it} \mid \alpha_i, X_{it}) = 0, i = 1,2,\cdots,N$$

这里 α_i 作为随机变量描述不同个体建立的模型间的差异，满足 α_i 与 X_{it} 相关。也可以表示为：

$$y_{it} = \alpha_1 D_1 + \alpha_2 D_2 + \cdots + \alpha_N D_N + X'_{it}\beta + \varepsilon_{it}, t = 1,2,\cdots,T$$

其中 $D_i = \begin{cases} 1, \text{如果属于第 } i \text{ 个个体} \\ 0, \text{其他} \end{cases}$ $\quad i = 1,2,\cdots,N$

时点固定效应模型为：

$$y_{it} = \gamma_t + X'_{it}\beta + \varepsilon_{it}, i = 1,2,\cdots,N$$

其中 γ_t 为随着时间变化的截距项。也可以加入虚拟变量表示为：

$$y_{it} = \gamma_0 + \gamma_1 W_1 + \gamma_2 W_2 + \cdots + \gamma_T W_T + X'_{it}\beta + \varepsilon_{it}, i = 1,2,\cdots,N$$

其中 $W_i = \begin{cases} 1, \text{如果属于第 } t \text{ 个截面} \\ 0, \text{其他} \end{cases}$ $\quad t = 1,2,\cdots,T$

个体时点固定效应模型为：

$$y_{it} = \alpha_0 + \alpha_1 D_1 + \alpha_2 D_2 + \cdots + \alpha_N D_N + \gamma_1 W_1 + \gamma_2 W_2 + \cdots + \gamma_T W_T + X'_{it}\beta + \varepsilon_{it}$$

其中 α_i 和 γ_t 分别表示在个体上和时点上的截距项。也可以表示为：

$$y_{it} = \gamma_0 + \gamma_1 W_1 + \gamma_2 W_2 + \cdots + \gamma_T W_T + X'_{it}\beta + \varepsilon_{it}, i = 1,2,\cdots,N$$

$$D_i = \begin{cases} 1, \text{如果属于第 } i \text{ 个个体} \\ 0, \text{其他} \end{cases} \quad i = 1,2,\cdots,N$$

$$W_i = \begin{cases} 1, \text{如果属于第 } t \text{ 个截面} \\ 0, \text{其他} \end{cases} \quad t = 1,2,\cdots,T$$

对此模型，参数的混合 OLS 估计量不具有一致性。

个体随机效应模型为：

$$y_{it} = \alpha_i + X'_{it}\beta + \varepsilon_{it}, i = 1,2,\cdots,N; t = 1,2,\cdots,T$$

其中 α_i 与 X_{it} 无关。且

$$\alpha_i \sim iid(\alpha, \sigma_\alpha^2), \varepsilon_{it} \sim iid(0, \sigma_\varepsilon^2)$$

估计方法如下：混合模型的估计方法有混合 OLS 和平均数 OLS。固定效应模型的估计方法有离差变换的 OLS、一阶差分的 OLS。随机效应模型的估计方法有平均数 OLS、可行 GLS。

在实证分析中，首先需要对模型形式进行检验，来确定所构建面板数据模型的具体类型。

第一，单位根检验。因为序列中若存在单位根过程就不平稳，会使回归分析中可能产生"伪回归"现象。对应的单位根检验方法包括：个体具有共同的单位根时采用 Levin – Lin – Chu 的 t 检验；个体有不同单位根时采用 Fisher – ADF 检验等。

第二，利用 F 检验确定是混合或者固定效应模型：

$H_0: \alpha_i = \alpha$

H_1：各个 α_i 不相同

$$F = \frac{(SSE_r - SSE_u)/(N-1)}{SSE_u/(NT-N-K)}$$

其中 SSE_r 和 SSE_u 分别为混合和固定效应模型的残差平方和。

第三，利用 Hausman 检验确定是随机还是固定效应模型。对应的统计量为：

$$H = (\hat{\theta} - \tilde{\theta})'[Var(\hat{\theta}) - Var(\tilde{\theta})]^{-1}(\hat{\theta} - \tilde{\theta}) \sim \chi^2(k)\ (H_0\ 为真时)$$

其中 $\hat{\theta}$ 和 $\tilde{\theta}$ 分别为同一类模型下采用不同估计方法得到的估计值。

基于面板数据的自回归分布滞后模型。考虑到，实际上被解释变量 y_{it} 不仅受到解释变量 x_{it} 的影响，而且受到自身滞后变量的影响。因此，一般的等式两边通过加入被解释变量 y_{it} 的滞后值得到如 Huang 和 Yeh（2013）所采用的自回归分布滞后（ARDL）模型形式，即设定更一般的 ARDL 模型其嵌套模型。比如，$ARDL(p,q)$ 可写作：

$$y_{it} = \mu_i + \sum_{j=1}^{p} \lambda_{ij} y_{i,t-j} + \sum_{j=0}^{q} \delta_{ij} X_{i,t-j} + \varepsilon_{it} \quad (2.1)$$

其中 λ_{ij} 和 δ_{ij} 表示滞后 j 期的 $y_{i,t-j}$ 和 $X_{i,t-j}$ 对 y_{it} 的影响程度。在模型（2.1）的基础上，构建误差修正模型来分析被解释变量的变动 Δy_{it} 和解释变量的变动 ΔX_{it} 的短期调整关系。误差修正模型设定为：

$$\Delta y_{it} = \mu_i + \varphi_i(y_{i,t-1} - \theta X_{i,t-1} - \mu_i) + \sum_{j=1}^{p-1} \lambda_{ij}^* \Delta y_{i,t-j} + \sum_{j=0}^{q-1} \delta_{ij}^* X_{i,t-j} + \varepsilon_{it} \quad (2.2)$$

其中，对第 i 个个体而言，φ_i 为 $t-1$ 期的误差修正项 $y_{i,t-1} - \theta X_{i,t-1} - \mu_i$ 的系数。当 $\varphi_i < 0$ 时，可以依据误差修正项 $y_{i,t-1} - \theta X_{i,t-1} - \mu_i$ 来分析修正的作用。

（1）若 $t-1$ 时刻 $y_{i,t-1}$ 大于其均衡解 $\mu_i + \theta X_{i,t-1}$，则 $y_{i,t-1} - $

$\theta X_{i,t-1} - \mu_i$ 为正,从而 $\varphi_i(y_{i,t-1} - \theta X_{i,t-1} - \mu_i)$ 为负,使得 Δy_{it} 减小。

(2)若 $t-1$ 时刻 $y_{i,t-1}$ 小于其均衡解 $\mu_i + \theta X_{i,t-1}$,则 $y_{i,t-1} - \theta X_{i,t-1} - \mu_i$ 为负,从而 $\varphi_i(y_{i,t-1} - \theta X_{i,t-1} - \mu_i)$ 为正,使得 Δy_{it} 增大。

这很好地测度了长期非均衡误差项($y_{i,t-1} - \theta X_{i,t-1} - \mu_i$)对 y_{it} 的控制。

2.1.2 频域分析的基本方法简介

第一,谱分析方法。假设时间序列 $\{x_t\}$ 和 $\{y_t\}$ 是联合平稳的,且有协方差函数 $\gamma_{xy}(k), k = 0, \pm 1, \pm 2 \cdots$。定义自协方差生成函数为 $r_{xy}(B) = \sum_{k=-\infty}^{\infty} \gamma_{xy}(k) B^k$。由自协方差生成函数定义 $\{x_t\}$ 和 $\{y_t\}$ 的互谱密度为:

$$f_{xy}(w) = \frac{1}{2\pi} \sum_{k=-\infty}^{\infty} \gamma_{xy}(k) e^{-iwk} = \frac{1}{2\pi} r_{xy}(e^{-iw}) \tag{2.3}$$

如果假设 $c_{xy}(w)$ 和 $-q_{xy}(w)$ 是 $f_{xy}(w)$ 的实部和虚部,即 $f_{xy}(w) = c_{xy}(w) - iq_{xy}(w)$,则 $c_{xy}(w)$ 叫作 x_t 和 y_t 的共谱,$q_{xy}(w)$ 叫作积分谱。引入极坐标,有 $f_{xy}(w) = A_{xy}(w) e^{i\varphi_{xy}(w)}$,则

$$A_{xy}(w) = |f_{xy}(w)| = [c_{xy}^2(w) + q_{xy}^2(w)]^{1/2} \tag{2.4}$$

式(2.4)称为互振幅谱。进而,定义平方相干函数为:

$$K_{xy}^2(w) = \frac{|f_{xy}(w)|^2}{f_x(w) f_y(w)} \tag{2.5}$$

平方相干函数 $K_{xy}^2(w)$ 表示频域中两时间序列 $\{x_t\}$ 和 $\{y_t\}$ 的线性相关程度,值域为[0,1]。可得到给定频率下一个序列的方差被另一个序列解释的百分比,说明它们越接近1则在该频率下相关

性越强。同时定义

$$\varphi_{xy}(w) = \tan^{-1}\left[\frac{-q_{xy}(w)}{c_{xy}(w)}\right] \tag{2.6}$$

式（2.6）称为相谱。相谱的值通常为 $[-\pi, \pi]$，反映两时间序列在各频率上的相位差。同时，相谱除以频率可得时差统计量，利用相谱时差统计量的符号来判断它们之间的领先、同步或滞后关系，而时差统计量的大小可用于确定它们领先、同步或滞后的具体期数。

第二，小波分析简介。小波变换能克服传统的信号分析方法时域和频域不能兼顾的缺点。小波分析在信号处理中的时域和频域同时具有良好的局部化性质，能够抓住研究对象的局部和细节，被人们称为"数学显微镜"。

已知信号是离散时间序列 $f(n)$，直接利用原始信号 $f(n)$ 在各子空间 V_j 的正交投影 $f_j(n)$ 进行迭代计算，计算离散小波变换的 Mallat 算法的相应分解式：

$$f_j(n) = \sum_l \bar{h}_{l-2n} f_{j-1}(l), c_{j,k} = \sum_l \bar{g}_{l-2n} f_{j-1}(l) \tag{2.7}$$

Mallat 算法的重构公式为：

$$f(n) = \sum_{j=1}^{J} \sum_{k \in Z} c_{j,k} \bar{g}_{n-2k} + \sum_{k \in Z} f_j(k) \bar{h}_{n-2k} \tag{2.8}$$

这样，小波变换就把一个信号 $f(n)$ 变换成尺度和分辨率不等的细节信号 $c_{j,k}$（小波系数）和一个尺度和分辨率都很低的逼近信号 $f_j(n)$。分解过程是进行离散小波变换，合成过程是进行逆小波变换。

相关的文献包括，蔡丰泽（2016）、程勰（2016）、邓凯旭和宋宝瑞（2006）、董直庆和王林辉（2008）、杜建卫和王超峰（2008）、范丽（2010）、侯建荣（2012）、兰秋军等（2004）、乔宇锋（2017）、卫庆敏（2012）、熊正德等（2015）、徐梅和张世英（2005）、徐梅（2004）、曾志坚等（2009）、张林（2014）、张燕和杨洋（2010）、周博和严洪森（2013）、周天清（2012）。他们分别基于频域分析和小波分析方法，针对金融发展等问题展开了相关的研究。

2.2　金融发展对就业影响的非对称性测度方法

在我国，赵进文和苏明政（2014）利用平滑转移模型，测度金融一体化程度与劳动力市场分割程度对我国省际人民币内部实际汇率与经济增长差异之间关系的影响。

另外，赵振全等（2007）基于多元门限模型，表明单纯在总量关系上讨论我国金融发展和经济增长关联性的意义并不明显，也指明在相关研究中应该更加重视金融发展作用于经济增长的途径和机制问题。

黄智淋和董志勇（2013）将 CPI 作为转移变量，基于门限模型，认为金融发展仅在低通货膨胀水平下有利于经济增长。

杨友才（2014）在对 1987～2009 年中国省级面板数据的分析和检验的基础上，将金融发展水平作为门限变量。在不同的金融发展状态下，认为这种非线性关系在东部、中部和西部地区所表现的形式也不相同，具体来说，西部地区的门限值要高于中部地区，而中部地区的门限值又高于东部地区；东部地区的金融发展对经济增长的促进作用最大，其次是中部地区，西部地区最低。而其边际效率递减特征在东部地区较为明显。而且在中西部地区，大于门限值的样本点所占比例较小，为减小区域差距，促进经济收敛，应大力提高中西部地区的金融发展水平。

以上关于金融发展对就业影响的非对称效应相关的文献中，主要采用了非线性体制转换模型等。以下对体制转换的非线性模型做具体的介绍。

体制转换的非线性回归模型简介。经济现象中的体制转换通常表现在时间和状态空间。当前主要的体制转换模型有门限模型、马尔可夫体制转换回归模型和平滑转换回归模型（STR）。本书主要关注更常用的平滑转换回归模型。

平滑转换回归模型。它认为各种体制之间的转移是平滑变化的，平滑转换回归模型适合于评价类似于货币政策的非对称性效应等。

Teräsvirta 最早给出了 STAR 模型建模的全过程。赵进文和闵捷（2005）最早基于该模型分析了我国货币政策的非对称性。王成勇和艾春荣（2010）针对经济周期构建了 LSTAR 模型，并将我国经济周期划分为四个区制。

LSTAR 模型建模过程如下。

基本的 STAR 模型可以表述为：

$$y_t = \varphi_{10} + \varphi_{11}y_{t-1} + \cdots + \varphi_{1p}y_{t-p} + (\varphi_{20} + \varphi_{21}y_{t-1} + \cdots + \varphi_{2p}y_{t-p})F(\gamma,c;s_t) + u_t$$
(2.9)

其中，$F(\gamma,c;s_t)$ 为满足 [0, 1] 约束的转换函数，常用的 $F(\gamma,c;s_t)$ 有 logistic 函数与指数函数两种形式：

$$F(\gamma,c;s_t) = \{1 + \exp[-\gamma(s_t - c)]\}^{-1}$$

$$F(\gamma,c;s_t) = 1 - \exp[-\gamma(s_t - c)^2]$$

这两种形式分别对应于 LSTAR 模型及 ESTAR 模型。s_t 为转换变量，斜率参数 γ 反映状态之间转移的速度，c 为门限值。

Teräsvirta 估计：

$$v_t = \beta'_1 z_t + \beta'_2 z_t s_t + \beta'_3 z_t s_t^2 + \beta'_4 z_t s_t^3 + \eta_t \qquad (2.10)$$

其中，v_t 是 $y_t = \alpha' z_t + v_t$ 的 OLS 估计值，$\alpha = (\alpha_0, \alpha_1, \cdots, \alpha_p)'$，$z_t = (1, y_{t-1}, \cdots, y_{t-p})$，$\beta_i = (\beta_{i0}, \beta_{i1}, \cdots, \beta_{ip})'$，$j = 1, 2, 3, 4$。

由以下三个检验确定转移函数是 Logistic 形式，还是指数形式：

$$H_{03}: \beta_{4j} = 0$$
$$H_{02}: \beta_{3j} = 0 \mid \beta_{4j} = 0$$
$$H_{01}: \beta_{2j} = 0 \mid \beta_{3j} = \beta_{4j} = 0$$

Van Dijk 等（2002）给出了选择 ESTAR 或者 LSTAR 模型的标准。不失一般性地，假设三元的线性 VAR（1）形式为：

$$y_t = A + B y_{t-1} + u_t \qquad (2.11)$$

其中 $y_t = (y_{1,t}, y_{2,t}, y_{3,t})$，对应的备择假设为 LSTVAR 模型：

$$y_t = A_1 + B_1 y_{t-1} + (A_2 + B_2 y_{t-1}) F(\gamma,c;s_t) + u_t \qquad (2.12)$$

$$F(\gamma,c;s_t) = \frac{1}{1 + \exp[-\gamma(s_t - c)/\sigma(s_t)]}$$

Granger 等（2011）利用 *LM* 检验如下：

$$H_0: \gamma = 0, H_1: \gamma > 0。$$

基于线性方程给出 $e_{i,t}$，$i = 1, 2, 3$ 和对应的 SSR_i^0。然后，对 e_{it} 关于 y_{it-1}、$s_t y_{it-1}$ 回归给出 SSR_i^1。进而得到：

$$LM_i = T(SSR_i^0 - SSR_i^1)/SSR_i^0$$

当 H_0 成立时，LM_i 服从 $\chi^2(3)$。

进一步，基于 LR 检验方法对整个系统进行检验，$H_0: \gamma = 0$。

令 $\Omega_0 = \frac{1}{T}\sum_i SSR_i^0$，$\Omega_1 = \frac{1}{T}\sum_i SSR_i^1$，LR 统计量为：

$$LR = T\{\log|\Omega_0| - \log|\Omega_1|\}$$

当 H_0 成立时，LR 渐近服从 $\chi^2(9)$。

2.3 融资约束对就业影响的非对称性的经验结果

早期，Jung（1986）等从不同的视角证明了金融发展能促进就业。Sharpe（1994）得到美国企业的劳动力需求依赖于经营杠杆比例。Nickell 和 Wadhwani（1991）利用英国的一些企业数据，证明了企业就业水平随着经营杠杆比例的上升而下降，随着市场资本化率的提高而上升。Benito 和 Hernando（2008）得到结论为就业随着利息支付的现金支出占总现金流的比重的上升而下降。Caggese 和 Cuñat（2008）认为融资约束影响企业的就业政策、影响长期和短期的就业。也有一些研究证明了金融因素通过影响企业创新，进而影响就业。按照 Acemoglu（2001）的说法，由于融资约束阻碍了可以创造就业的创新型企业进入市场，从而阻碍了就业。他发现，自 20 世纪 60 年代以来，企业就业率依赖于外部金融的程度欧洲比美国高，这是因为欧洲有更严格的金融体系。Bertrand 等论证了法国 1985 年的银行改革对银行依赖性企业而言，加快了就业的增长。而且 Benmelech 等（2010）证明了 1993～2009 年美国大城市的失业和信用可获得性负相关。

第一，金融摩擦对企业层面就业决策的影响分析。Benmelech等（2017）利用大萧条时期的实例，论证了金融摩擦对企业就业决策的影响。大萧条是现代工业化世界中最严重和长期的经济衰退。1929~1933年，美国的实际产出下降了26%，失业率从3.2%上升到25%，达到了美国历史上最高的纪录水平。尽管大萧条的严重程度及其对宏观经济理论的影响毋庸置疑，但20世纪30年代失业率上升的原因至今仍不为人所知，在全球陷入最严重的经济危机的近90年后依然很重要。金融摩擦是可能在大萧条中发挥重要作用的几个因素之一。一些文献认为中介机构实际成本的增加降低了一些借贷者获得信贷的能力，而这反过来又收缩了总需求并加剧了经济低迷。尽管这一观点经常被用来解释产出长期萎缩的原因，但金融摩擦也为大萧条中失业率的惊人上升提供了一个潜在的解释。当向劳动力支付与实现收入之间存在滞后时，企业需要在整个生产过程中为其劳动活动提供资金。此外，与有形资本不同，劳动力不能作为抵押品，这在某种程度上使融资变得更加困难。因此，在获得外部资金方面的任何困难，都可能对公司的就业决策产生严重的影响。为了给以上这一有吸引力的潜在解释提供数据支撑。此论文利用新收集的数据，估计出金融摩擦对大萧条时期大型工业企业就业收缩的影响。识别策略中使用了危机期间到期的长期债务价值的原有变化。此论文发现，企业因债务到期而承担的负担更大，其就业水平下降得更多。这些影响对位于当地银行陷入困境地区的公司尤为严重，因此很难用公共债务代替银行融资。分析表明，金融摩擦可以解释1928~1933年样本中就业总量下降的10%~33%。

为了更好理解20世纪30年代失业，主要基于总体或机构层面的数据显示，大企业在危机期间遭受了巨大的损失：样本中的公司从1928年（危机爆发前一年）到1933年的失业高峰，平均经历了24%的就业下降。在此期间，大公司的盈利能力也急剧下降，从平均资产回报率9%降至仅1%，通过使用企业层面的数据，此论文可以将就业信息与企业的经营特征和融资需求联系起来。最重要的是，此论文收集有关公司未尝还债券的价值和期限结构的详细资料，从而能够衡量不同对外部融资需求的变化。

一些文献利用差异化策略提供了一个估计企业就业的弹性，使其能够抵御一种看似合理的外部融资冲击。用这个弹性来估计金融摩擦对就业总量收缩的重要性。在假设"处理"的公司没有经历财务摩擦的前提下，计算了样本中的总就业水平，发现在这种情况下，就业率会高出0.9~1.4个百分点。这种直接处理效应占本书样本就业下降的比重区间为10%~17%。同时也发现，如果没有公共和私人债务摩擦，就业人数将高出1.0%~2.4%。这些估计表明，信贷供应的中断可能解释了本书样本中就业人数整体下降的1/3。使用模型来计算样本中每一个公司的雇佣水平，如果外部融资是无成本的。在没有融资摩擦的情况下，就业总水平会高出1.6~2.8个百分点，占本书样本就业人数下降的20%~33%。总之，该研究提供了直接的、确凿的证据，表明信贷供应的中断在20世纪30年代初的就业萎缩中起到了重要的作用。

第二，融资约束对就业影响的已有经验结果。首先，在缺乏直接的融资限制措施的情况下，早期的研究靠间接措施，例如，利用公司规模来确定货币政策和商业周期对企业就业的影响（Sharpe，1994）。最近的研究试图利用更直接的融资约束条件来衡量外部金融冲击对就业的影响。在经济衰退期间，如果工人在外部资金需求很高的行业工作，更有可能失业。Benmelech 等（2010）认为，日本房地产价值大幅下降，主要是通过日本附属银行的美国大部分州的失业率增加了约 1 个百分点。美国地区小企业贷款下降的原因是新企业形成率降低和失业率上升。在银行危机期间，杠杆比率越高，就业对产出的弹性就越大。其次，有一些研究使用微观数据来估计就业对融资约束冲击的效应。通过全球范围内的样本得到，那些融资约束的公司计划削减投资和就业。利用银行贷款数据表明，危机前的小公司向后来受损的银行借款，与健全银行有关联的小公司相比，减少了更多的就业机会。在最近的欧元区主权债务危机期间，贷款风险较高的大公司就业、销售和资本支出的增长较低。有文献使用了西班牙信用登记册的匹配银行公司数据得到，与 2016 年相比，2010 年与中小银行有信贷关系的公司的就业水平远低于从不受银行借款影响的公司。Popov 和 Rocholl（2015）采用匹配的银行公司数据来研究冲击在企业劳动力需求方面对银行资产负债表的影响。它们控制了企业特定的、与信用相关的时变可观测特性，以及特定于公司的不可观测的不变特征（如项目或管理质量），以确定不受并发需求效应污染的供应效应。直接确定了受影响的银行，因为它们受到了公开宣布的干预，所采用的样本中有中小型公司，而不仅仅是大公司，这使该文献能从微观结果中得出总体影响。最后，因为公司和银行是按照德国法律规定的严格的地理原则进行匹配的，所以作者不用担心银行与公司之间的关系选择。此外，采用的数据能够比较融资约束的短期和长期效果。作者进一步关注了劳动力需求调整的工资方面，以应对借贷能力的负面冲击，而不仅仅是就业效应。至关重要的原因有两个。一是即使劳动力需求没有变化，只要劳动力供应向内转移来应对信贷冲击，就业机会也会减少。因此，观察就业和工资下降是必要的，来确定随着融资约束的收紧，劳动力需求向内转移。二是融资约束对福利的负面影响可能要大得多，如果除了减少就业之外，留用雇员的工资也会下降。

第三，基于动态随机一般均衡模型的金融摩擦对就业影响的经验结果。最近的金融危机清楚地表明，商业周期的模型分析，不再能从金融因素中抽象出来。因为它们表面显示和使用更先进的方法似乎都是重要的因素，成为这一衰退的来源或者说是传播机制。这场危机还导致了宏观经济学中提出的问题类型的转变，要能够回答这些问题，就需要更加重视金融方面的知识。同样越来越明显的是，在没有明确失业的情况下，模拟劳动力市场的标准商业周期方法也有其局限性。除了对失业没有影响的明显缺点外，标准方法还依赖于工资上涨冲击来解释主要宏观变化的很大一部分，如GDP和通货膨胀这样的变量。它也会导致在工作时间内的持续时间太短，因为这些工作时间被建模为无成本调整。通过将劳动力市场建模的最新进展整合到一个全面的货币商业周期模型中来解决所有这些限制。此外，该文献的动机来源于一些大多数现有的商业周期模型都是静默的问题，但是该文献想回答的是：金融和劳动力市场摩擦对于一个小型开放经济体的商业周期动态有多重要，特别是，金融冲击对投资和产出的定量影响是什么；出口需求的突然或暂时下降以及公司利率利差的增加对失业有何影响；考虑到金融市场数据，投资是否主要受投资需求或投资供给的冲击。另外，增加就业的成本是否与劳动力市场的紧张程度有关，就像劳动力市场的搜索匹配模型所暗示的那样。为了解决这些问题，该文献在三个维度中扩展了内容，使其成为标准经验新凯恩斯模型。

首先应将金融摩擦纳入资本的积累和管理中。引入的金融摩擦反映出借款人和贷款人是不同的代理人，他们拥有不同的信息。因此，该文献引入了"企业家"的概念。这些代理人拥有和管理资本存量，资金来源包括内部资金和借入资金。只有企业家才能不花钱地遵守自己独特的生产力。资本存量融资中信息不对称的存在导致了企业家资产负债表的作用。银行向企业家提供的债务合同是通过向家庭发放债务来提供资金的。家庭除了累积储蓄外，还可以借入外国资金存入银行。在该模型中，家庭获得的利率名义上是非国家的。这些名义合同产生了那种价格水平意外变化的财富效应。例如，当发生冲击导致价格下降时，家庭会收到财富转移。这种转移是从企业家那里转移的，企业家的净资产因此减少了。随着资产负债表的收紧，企业家的投资能力下降，这就导致了经济放缓。每当价格达到上限时，类似的机制就会启动。重要的变化会影响企业资产负债表的资产方。

在劳动力市场搜索和匹配框架下，这种模式的一个主要特点是，存在工资设定摩擦，但只要这些摩擦是互利的，就不会对当前的雇主-雇员关系产生直接影响。因此，这一安排不容易受到批评，即工资不能在持续的雇主-雇员关系中分配。Lawrence 等构建了相关的动态随机一般均衡模型。该模型的工资设定摩擦类型，而此论文用泰勒型的摩擦代替。允许雇员与其工作内生性分离。内生性分离是早先建立的模型，例如由 Den Haan 等建立的模型，但不是一个全面的货币 DSGE 模型。在标准的新凯恩斯模型中，同质劳动力服务由劳动承包商提供给竞争激烈的劳动力市场，这些承包商将垄断家庭的劳动力服务组合在一起，提供专门的劳工服务。劳动力市场模型不需要专门的劳动力服务抽象和伴随的垄断力量，通常被建模为时变的（"工资标记"冲击）。之所以选择这种模式，是因为作者不认为这种类型的工作具有垄断力量，也不认为它具有高频时变。相反，劳动力服务是由"就业机构"提供给同质劳动力市场的，被看作一家生产企业人力资源部门的商品。每个职业介绍所都保留了大量的工人。在这个时期开始的时候，有一小部分工人被随机的从机构中分离出来，进入失业。然后，实现了对工人生产率的特殊冲击，并进行了内生的分离决策。一些新的工人是根据该机构在上一期间公布的空缺数目从失业人员中雇用来的。在工人分离和新到达之后，名义工资率由确定付给单个工人的名义工资决定，由纳什议价决定，纳什议价每隔一段时间就会发生一次。每个职业介绍所被永久分配给不同的群体中的一个。根据重新谈判工资的时期，税收是有区别的。由于每个群体中有同等数量的机构，因此在每一时期都有一家代理机构进行交易。劳动强度是通过将工人的边际成本与代理的边际收益等同起来而有效决定的。在密集边际有效地提供劳动力意味着与国际人道主义法有一个重要的区别，即假定黏性工资与工作时间之间有直接联系。

Lawrence 等将这一模式扩展到小型开放经济环境中，纳入了 Adolfson、Lasen、Lindé 和 Villani 的小型开放经济结构。将外国经济建模为一个向量自回归（VAR）模型，在外国通货膨胀、利率、产出和两种全球单位——中性和投资特有的技术冲击中，都是向量自回归。作者同时考虑了一个外生冲击和一个内源性风险调整条件，导致偏离未发现的利率平价（UIP），但本书的动机是不同的，因此本书选择了内生性风险调整的另一种形式。国际互动包括货物贸易和无风险债券。这三种最终产品，消费、投资和出口，是通过将国内同类商品与每类最终产品的具体进口投入结合起来生产的。

该文献根据瑞典从 1995 年第一季度到 2010 年第三季度的数据，使用贝叶斯技术估计完整模型，即包括最近的金融危机。在作者的估计中，使用与 Del Negro 和 Schorfheide 相似的策略来内生化选择模型先验。这一估计使作者能够对上面提出的问题给出量化的答案。增加金融和就业摩擦大大改变了模型动态，并改善了模型的预测属性，特别是通货膨胀。对企业家财富的金融冲击对解释商业周期波动非常关键。它影响投资需求，占投资方差的四分之三。另外，发现投资冲击的边际效率的重要性非常有限。这与 Justiniano 等的估计结果形成鲜明对比。结果不同的原因是此文献匹配金融市场数据、公司利率利差和股票价格。这些数据系列与投资的联系表明，变化的主要来源是投资需求，而不是投资供给。

总之，与已有基于 DSGE 模型的标准新凯恩斯主义文献相比，此论文的模型不需要任何工资涨幅冲击来匹配数据，而且获得的低频率劳动力偏好冲击对解释 GDP、通货膨胀或股票市场并不重要。对全面模型与相关文献之间鲜明对比的解释是，已有文献的劳动力市场模型所暗示的理想实际工资与工作小时之间的紧密联系并不适用于数据，即使假设这种联系被放宽工资黏性。相反，此论文假设有效地提供了大量的劳动力而没有直接与黏性工资挂钩，从而允许工资和工作时间之间出现高频率的脱节。从根本上说，此论文的模型反映了劳动力不是在现货市场上供应，而是在长期关系中供应。最后，此论文发现劳动力市场的紧张程度（以职位空缺除以失业率衡量）对扩大劳动力成本并不重要。

第四，融资摩擦对企业投资决策的影响研究。由各代理问题引发的融资摩擦对企业实际投资决策的影响问题是企业财务研究的中心问题。La Porta 等（1997）认为，金融体系的差异可以解释各国在公司绩效上的差异。Cooley 和 Quadrini、Clementi 和 Hopenhayn 以及 Wang 等在资本市场不完善的情况下建立了创业理论模型，以支持关于借款限制对企业进入、成长和生存重要影响的猜想。从 Fazzari 等有影响力的研究开始，公司金融实证的文献开始集中于资本投资对外部和内部现金流的敏感性。其基本假设是，资本市场摩擦增加了外部资本相对于内部产生的资金的成本，因此现金流量与投资之间的正相关构成了现金受限的公司投资不足的证据。所以，更多的现金持有量使公司能够从事本来会被放弃的增值项目。然而，文献也承认，如果一家公司的现金流量与投资机会（通常无法观察到）相关，则这种联系可能是虚假的。研究人员最近试图通过确定对公司融资限制的外部冲击克服这一问题。例如，Lamont 利用内部资本市场的机制，确定在1986年油价下跌之后，石油公司非石油部门的投资大幅减少。Rauh 分析了强制性养恤金缴款之间显著负相关关系。Faulclender 和 Petersen 阐述了"美国创造就业法"，该法暂时降低了外国资本的流通成本，进而降低了用外国现金为国内投资资金的成本。发现在该法颁布之前更有可能出现资金不足的公司，将很大一部分资金拿到国内投资。

以上文献通过确定外部融资相对成本的不同类型的外部冲击，为最近的经验文献做出贡献，关注的是那些有着长期信用关系的公司的银行信贷的可用性。银行资产方面的损失提供了银行的融资成本，给那些依赖银行信贷进行实际投资决策的公司提供外部资金造成了不利的冲击。一些研究人员含蓄地假定银行将其融资冲击传递给实体部门，这一假设得到了大量和数量仍在不断增加的实证文献的支持。使用类似的银行样本，Puri 等确定了受美国次贷危机影响的德国银行对私人借款人的信贷大幅减少。

第五，融资约束对失业影响的已有结果。一些文献认为，金融自由化和劳动力市场的灵活性是可以替代的，得出结论为降低被解雇和雇佣成本有利于就业，金融发展仍然促进就业创造，因为它允许企业通过证券发行调整劳动力成本。此论文中的解雇政策更少地依赖于其中的内部资源，企业调整就业水平将变得更灵活。因此，如果金融发展水平高，成本可以通过发行证券金融化，劳动力就可以调整成本失去他的有效性。对应地，如果劳动力市场非常灵活，则外部金融对就业的影响会很小。Belke 和 Fehn（2000）认为强大的劳动保护制度，使得内部人员对企业的项目不是非常尽力，从而推迟项目的进程，影响企业的发展，导致企业不能增加劳动力的需求，最后产生失业。

也有一系列文献认为，金融自由化和劳动力市场的灵活性是互补的。Wasmer 和 Weil（2000）通过理论模型得到，劳动力和金融市场的自由化提高了市场的流动性，降低了代理的匹配成本，在劳动力市场，企业和工人更容易匹配；在信贷市场，企业和银行也更容易匹配。这些对就业产生了积极的影响。Koskela 和 Stenbacka（2002）阐述银行降低竞争，使得工人受益于讨价还价的基础工资和分享企业利润。因为企业的招聘政策通过借款融资，通过降低银行的竞争提高利息意味着阻碍了就业。但是工人的内部化提高了解聘成本和谈判基本工资。换言之，在劳动力市场非常灵活的情况下，金融自由化有利于就业。Aterido 等（2011）认为相对于大企业，越小的企业对信贷的依赖程度就越低。对于地方层面的企业，测度了融资渠道对它们就业增长的影响。认为此论文金融发展对中型和大型公司的就业增长有促进作用，但对微型和小型企业没有影响。

也有关于金融发展对劳动力法规的影响关系的研究，在经济学中具有重要的理论意义。一方面，Ergungor（2004）反对以银行和市场为基础的金融发展关系到国家法规制定的观点。而且在法制经济下银行行为才能更有效，金融市场的出现也是在法制社会。另一方面，Pagano 和 Volpin（2005）认为劳动力法规在实行选举制度的国家总是被比较严格地执行，这些国家也是将弱的股东保护和金融市场发展相联系。综上所述，此论文认为以银行为主导的发达民主法制化国家，具有高度发展的金融市场和弹性的劳动力市场法规。利用理论模型可以得到金融结构和劳动力市场制度决定于金融财富的分配。Perrotit 和 Thadden（2006）得到了同样的结论。此论文证明了经济表现出扩散金融财富，集中金融财富的经济应该具有以银行为基础的金融系统和健全的劳动力法规。

另外，关于我国金融发展综合指数。张成思和李雪君（2012）认为我国金融政策和商业环境水平不错，但是金融相关的法律体系有待进一步健全。陈雄兵和吕勇斌（2012）对一些国家的金融发展指数进行了比较分析，认为我国金融发展还存在一些问题，应当采取稳步推进利率市场化改革、完善基础设施的融资体系、深化债券市场的发展、加快培育新型农村金融机构等措施，进一步优化金融发展。

2.4 金融发展对就业影响的差异性的经验结果

金融发展的已有研究大多集中在其对经济增长的影响，本书注意到，也有文献基于自然实验法等，研究一些国家和地区的融资约束对就业影响的差异性，以及基于数理模型和实证分析，研究随着金融发展水平的提高,不同盈利能力的企业对就业的影响存在差异性等。以下对相关文献进行综述。

第一,金融发展对不同企业就业影响的差异性经验结果。Pagano 和 Pica(2012)提出了一个简单的单部门模型,其中金融发展的程度是由金融中介机构核实其借款人现金流的能力来衡量的。金融发展本身也为企业提供了更多的外部资金。当公司是相同的,金融发展允许此公司能有更多的投资和生产。因此,将雇佣工人的数量取决于劳动力供应的弹性:如果劳动力供应是富有弹性的,就会对就业产生较大的影响。如果是刚性的,则对生产力和工资产生很小的影响,资本强度将相应地大幅增加。如果企业在有效资本存量上存在差异,那么金融发展对经济活动的影响是非线性的。因为随着金融市场的发展,越来越少的公司仍然受到融资约束。所以,融资约束将逐渐减少,最终消失。

为了分析金融对劳动力再分配的影响,本书扩展了模型,假设两个行业的预期盈利能力不同。在这种情况下,金融发展允许利润较高的公司通过提高工资来吸引更多的劳动力,从而促使劳动力从较弱企业向较强企业转移。同样,它放大了行业间对盈利能力冲击的就业反应的差异,这意味着盈利能力的横截面差异应该会导致就业横向差异更大。与此同时,因为它们增加了不受约束的企业的比例,而这些企业是免疫的,所以,金融发展也降低了就业对现金流的敏感性。因此,金融发展是否实际上会或多或少地导致跨部门就业的多变性,应取决于哪种类型的冲击普遍存在,对未来的盈利或当前现金流的影响。

为了适应危机处理模式,假设企业可以通过两种方式应对流动性冲击:自我保险(囤积流动性)和借贷(需要时依靠银行提供资金，从而减少囤积和增加投资）。在这一修正模型中，信贷配给公司不能指望银行资金来克服流动性冲击，因此它们必须要么囤积流动性，要么适当地保留一些未使用的债务能力，以便在受到冲击的情况下借款。相比之下，那些不受约束的公司也可以不依赖银行。因此，只要银行本身能够实际履行这一保险职能，金融发展就可以使经济囤积较少的流动性，从而腾出资源进行投资。但如果银行遭遇危机，无法提供承诺的流动性，那么大多数依赖银行流动性服务的企业状况，就会受到比金融体系不发达的经济更严重的影响。在这个经济体中，企业可以依靠自己的储备。简而言之，银行危机的发生揭示了金融发展可能存在的"阴暗面"。

进一步利用1970~2003年的数据，对这三个问题提出了实证证据。将Rajan和Zingales（1998）的实证方法扩展到金融发展与就业和工资增长之间的关系。该论文发现，金融发展与就业增长有关，但与生产率和实际工资增长无关。该论文还发现，与理论一致，金融对产出和就业的影响是非线性的：在发展中国家是正的，在统计上也是显著的，但在发达国家中则没有；而且，在整个样本中也是如此。它只有在20世纪70年代和80年代才具有积极意义，而在大多数国家金融体系已经相当发达的时候具有积极意义。该论文同时论证了劳动力再分配与金融发展呈负相关：这表明发达金融市场由于对现金流冲击的敏感性较低而产生的稳定效应，超过了它们通过盈利冲击产生的横截面就业再分配的增加。最后，文章探讨了在银行危机期间，增长与金融发展之间的相关性是否会减弱甚至逆转，发现了金融发展的"黑暗面"的一些证据，尽管该文献的样本没有包括2007~2009年危机时期的数据。

第二，测度融资约束对就业影响差异性的经验结果。已有文献推广了信贷渠道的概念,通过冲击特定于银行的集中资本,将对贷款机构的冲击转化为实体经济的结果。大多数试图从经验上证明信贷渠道的论文属于两类之一,"小的还是大的"。论文使用的观点是,由于信息更不对称或缓冲更小,较小、透明度较低的借款人应对信贷供应限制表现出较大的敏感性。有文献认为规模较小的制造业企业的销售、库存和债务对紧缩货币政策冲击的反应不成比例。在2007~2009年经济衰退期间,美国的就业岗位流失不成比例地发生在小公司,但仅限于外部金融依赖程度较高的行业。在信用可得性的横截面上引起变化。在这个方法的早期例子中,Slovin等研究了1984年伊利诺斯大陆银行在其失败和救助的情况下的股价反应。随后的文献利用了日本房地产泡沫破裂带来的贷款变化,对1998年巴基斯坦核试验、俄罗斯危机,以及2002年世界通信公司破产进行了回应。对2007~2009年危机产生的变化进行的研究包括Albertazzi和Marchetti以及Aiyar,分别针对意大利和英国的银行贷款进行讨论,De Haas和Van Horen针对跨境贷款分析,Almeida等关于企业对不同债务结构的公司投资做出分析,Lvashina和Scharfstein通过Cosyndication对雷曼兄弟公司的贷款进行讨论,以及Santos对不同水平的抵押贷款支持证券的银行的贷款定价进行讨论。自然实验文件有力地发现了受影响银行的贷款收缩。然而,面临从一种融资来源撤回信贷的公司可能用另一种来源的融资来替代,而数据的限制使得将冲击与实际借款人的经济结果联系起来变得困难。有两个例外,一个是在对受影响的借款人的投资中发现了收缩,但是,违反了小型和大型企业的已有文献的逻辑,将注意力从那些具有借贷级别信息的监管文件的公司转移到公司。相反,另一个是在日本银行的信贷泡沫破灭后,日本银行渗透率较高的美国国家的建筑活动减少，但没有证据表明日本银行的水平效应。当前文献的一个关键创新是建立一个数据集，其中包含了美国范围大量的公司金融信息和就业信息。异质性效果的发现为小型和大型自然实验的文献之间提供了桥梁。这也是第一个检验对就业影响的自然实验论文。

Gabriel Chodorow 考察了银行信贷摩擦对就业的影响。此论文构建了一个新的数据集，结合了 2008~2009 年危机期间 2000 家非金融公司的银行关系和就业信息。该论文实证地分析了企业和银行关系的重要性，这意味着借款人转换银行的成本。然后，利用雷曼兄弟危机后贷方健康状况的分散，作为借款者信贷供应外生变化的一个来源。在危机前与资产状况恶化的银行建立关系的公司，在雷曼兄弟破产后获得贷款的可能性较低，如果确实借款的话，公司将支付更高的利息，并且与更健康银行在危机前的客户相比，减少就业的可能性更大。与信息不对称的摩擦理论一致，其影响也因公司类型的不同而不同。贷方健康对中小企业的就业有着重要的经济和统计影响，但数据不能否定关于在最大或最透明的公司没有任何影响的假设。该论文采用一般均衡模型，将横截面经验方法与信贷摩擦对就业的综合效应联系起来。并发现，在雷曼兄弟破产之后的一年里，信贷的退出作用占了中小企业就业下降原因的一半。

华尔街银行的运营状况影响到了相关企业的就业状况。在 2008~2009 年金融危机之后，这个问题引起了政治家、大众媒体和公众的极大兴趣。这种重新激起的兴趣部分反映了政府对金融机构的极度不受欢迎的支持。政策制定者辩称，不提供这种支持，将对远离银行业的行业的就业造成可怕的冲击。尽管采取了政策干预措施，但在危机期间，美国金融部门向非金融公司提供的贷款大幅减少，经济出现了大萧条以后就业人数急剧下降的情况。

该论文利用新构建的数据集研究了信贷市场摩擦与就业之间的关联。以前关于公司一级财务约束的影响的研究要么没有观察到非财务结果，要么没有对数据库中的信息公司给予有限的关注，这些数据库中只有最透明、最大的公司。论文的数据集将 Dealscan 银团贷款数据库与劳工统计局纵向数据库的保密就业数据合并，其中包含了进入银团贷款市场的公营和私营公司的借贷历史。这一新的数据集包含了 2000 家非金融企业的就业结果和银行关系的信息，规模从不到 50 名员工到超过 10000 名员工。然后，将危机前从相对健康的金融机构借款的公司的就业结果与危机期间受到更严重影响的贷款人借款的类似公司进行了比较，表明与一家陷入困境的银行建立关系会产生巨大的实际后果。对比危机前与贷方有关系的公司，在危机期间，贷款人资产健康状况的分布在第 10 个和第 90 个百分点之间，受约束程度较高的银行的客户在危机期间获得贷款的可能性降低了 1/3，并在雷曼兄弟破产后的一年里就业率又下降了 4 个百分点。信贷供给渠道的重要性也因企业类型的不同而有很大差异。信贷渠道对中小企业（员工不足 1000 名）和没有进入公共债务市场的金融机构的就业产生了重大影响。对于这些公司来说，信贷的退出解释了在雷曼兄弟破产之后一年里就业人数下降的 1/3～1/2。相反，数据不能否认银行信贷供应的相对可得性对最大或最透明的公司的相对就业结果没有影响。

该论文所采用的方法依赖于以下两个关键事实。第一，银行和借款人的关系很棘手。这意味着，在危机前向银行借款的公司、危机期间放贷较少的公司，获得银行融资的难度要比从健康的贷款人那里大。第二，2008 年危机的根源不在于企业贷款部门，这意味着银行在企业贷款意愿方面的横向差异，似乎与每家银行危机前借款人的特征相当正交。

为了进一步阐明这一做法的逻辑，作者分析了美国银行和瑞士信贷银行的例子，这两家银行都是美国银团市场的活跃贷款人。在金融危机期间，瑞士信贷银行因投资于抵押贷款支持证券而遭受了巨大损失，其股价在2007～2008年下跌了60%。美国银行对抵押贷款支持证券的敞口相对较少，在危机期间经历了各大银行中股价跌幅最小的一次，并于当年7月成为首批完全偿还其对美国财政部的苛刻承诺的银行之一。在雷曼兄弟破产和经济衰退结束的9个月里，瑞士信贷银行将其在银团市场的贷款与危机前相比减少了约79%，而美国银行仅减少了14%的贷款。其结果是，在金融危机期间，美国银行牵头的企业在金融危机期间获得贷款的可能性，几乎是瑞士信贷银行牵头的企业的4倍。

该文献基于以下一些步骤，来分析融资约束对就业的影响效果。首先，用银团贷款市场的数据来记录借贷关系的重要性。在银团贷款中，一个或多个"牵头安排者"与借款人签订贷款协议，提供大部分资金，并招募其他"参与"贷款方提供其余资金。在先前进入银团市场的借款人中，约3/4的借款人回到了以前贷款时使用的同一牵头安排机构。这种借贷关系中的经验黏性超过了仅仅根据贷方市场份额预测的7倍，这表明了转换领导者的摩擦。其次，探讨银行安全措施，以隔离信贷供给的影响。不幸的是，银行的内部资金成本无法直接观察到。相反，采用了危机前银团在危机期间向其他借款者发放贷款的数量来衡量公司贷款人的相对分量。这一指标的有效性在一定程度上取决于危机期间银行一级的总宽松程度的系统性变化，而这一变化源于银行健康状况的变化。有两项证据证实了这一假设。一是，贷款减少幅度较大的银行将新贷款价格推高了更多。贷款人横截面上的数量和价格的负向变化，显著地表明了贷款供应曲线的转变。二是，危机期间的新增贷款与股票收益率、雷曼兄弟通过银团市场的风险敞口以及各种资产负债表和损益表等因素密切相关。与其他衡量银行健康状况的指标相比，这一指标更倾向于以贷款为基础措施的理由，包括在银行内部的一贯结构，适用于相关的银行所有权水平，而且很可能与资金的内部成本关系更紧密。

通过以上数据的处理，接下来测度了雷曼兄弟破产后信贷供应急剧萎缩的后果。在金融状况较差的银行危机前，客户在雷曼破产后的 9 个月里，从任何银行获得贷款的可能性都较低。此外，在获得贷款的银行中，利差更大。这些发现类似于 Ivashina 和 Scharfstein 以及 Santos 使用类似数据的结果，但与这些文献不同的是，其关注的是借款人的结果，而不是银行的结果，从而确定了较弱银行的借款人在危机期间不能简单地转向更健康的银行。然后，该论文提出的证据，证明贷款市场的影响已转化为对借款人实际成果的影响，为此，将 Dealscan 银团贷款数据集与劳工统计局纵向数据库提供的季度企业就业信息联系起来。原则上，无法进入银团贷款市场的公司可以通过转向其他形式的融资来弥补损失，而不必减少生产投入。然而，以上数据表明，贷款对这些公司的就业有重大影响。正如上文所指出的，银行资产健康状况第 10 个百分点的银行客户的就业率，比雷曼破产后第 90 个百分点的贷款客户平均下降了 4 个百分点。在接下来的 12 个月里，此影响也没有结束，这意味着融资摩擦会产生持续的影响。

以上文献表明，从资产健康状况不好的银行那里借来贷款的企业就业不足。可以用来估计某些条件下金融摩擦的总体影响。在一般均衡中，一些需求从约束较多的企业转向约束较少的企业，从而导致约束较少的企业的劳动力需求增加。相反，金融危机导致的总支出减少降低了约束较少的企业的劳动力需求。该论文提出了一个一般均衡模型，说明这些渠道以及就业估计回归与总就业下降之间的联系。该模型的校准表明，一般均衡效应要么放大了通过比较不同贷款人的借款者所观察到的就业损失，要么充其量只具有适度的减弱效应。

该论文关键面临着对以下情况的识别，处于金融状况较差的银行的借款者可能有其他无法观察到的影响贷款需求和就业结果的特征。首先，利用一套丰富的可观察到的借款人特征，包括状态、行业和事前风险的度量的变量，来缩小可能影响结果的不可观测特征的空间。表明在危机期间实际获得贷款的借款人中，使用危机前牵头贷款人的可能性随着贷款方的贷款总额的增加而增加。其次，将银行资产健康的变化限制在特定来源的收益结果数量上与基线估计相似。再次，论文使用一个子样本进行两次验证，以消除未观察到的贷款需求驱动贷款结果的可能性。实现了对公司内的估计，使用借款人固定效应吸收所有可能的变化。最后，提出了相应回归分析对应的就业变化，接近结束的上一个商业周期扩张和2001年经济衰退。2008~2009年，那些从资产健康状况不佳的贷款机构借款的公司的就业情况和其他公司的就业情况并没有太大的差别。

第三，利用企业层面的数据，分析金融发展对增长影响的经验结果。Guiso等（2004）针对意大利的金融发展，用自己陈述的家庭信贷作为代理变量，增加个人从事商业活动的可能性，新公司人口的比率，依靠内部融资实现的公司增长率，和每单位资本产生的

GDP。此论文将银行系统的指示器作为工具变量,控制金融发展潜在的内生性。Guiso 等(2004)应用 Rajan – Aingales 方法,利用欧洲和中东的企业微观数据,得到企业层面和行业层面一致的结论,即金融发展尤其对小微企业的扶持效果非常显著。企业层面的数据还可用于检测金融市场发展对小企业的市场准入的影响。Aghion 等(2007)应用 Rajan – Zingales 方法,利用 16 个工业和新兴经济体的企业层面数据,得到金融发展有利于小微企业进入市场的结论,此文献更多地依赖于外部金融。而且 Klapper 等(2006)证明了欧洲金融发展有利于相对依赖外部金融的企业进入。

King 和 Levine(1993)利用地区层面数据,分析了 80 个国家的金融发展对经济增长影响的滞后作用。此论文认为金融发展是宏观经济的多个变量主要的、正向的影响因素。La Porta 等(1997)用一个国家的金融市场规模,而 Beck 等(1999)利用法规作为金融发展的工具变量,得到金融发展与单位资本的 GDP 和总要素生产率存在正向的和稳健的相关关系。这一结论又得到了 Beck 等(2000)的证实和拓展。一些研究工作是基于美国各个地区层面的数据,利用金融市场监管的变化来探讨因果关系。比如,Jayaratne 和 Strahan(1996)证明了随着银行政策的区域性限制的解除,当地经济快速增长,尽管 Huang(2008)对其结论的限制性进行了质疑。Dehejia 和 Lleras-Muney(2007)利用更早的数据分析了同样的关系,证明了 1900~1940 年,改变地区层面银行的法规仍然和高速的经济增长相关。还有一些研究利用行业层面的数据考察其因果关系。类似于本书之前的假定,行业的盈利能力依赖于外部金融,金融发展水平越高,行业的盈利能力越强。Rajan 和 Zingales(1998)利用美国的相关数据,检验并识别了行业对外部金融的依赖性（假定美国为高度发展的金融体系）。测度了行业层面"外部依赖"变量与国家层面金融发展水平的相关性，利用固定效应明显控制其他国家和区域的特征。并利用此方法分析了自1980年以来多个国家的行业层面数据，此论文发现由于行业的外部依赖性的差异，金融发展对经济增长的效应存在很大的差异。

2.5 我国就业影响因素的经验结果

为了全面了解就业的影响因素，为本书研究金融发展对就业的影响提供参考，以下对关于我国就业的相关研究进行综述。2014年12月的中央经济工作会议指出，我国经济发展步入了新常态。考虑到经济增长和促进就业是宏观调控的两大主要目标，在经济新常态下研究如何促进就业的问题是非常有意义的。蔡昉（2007）指出，正确把握就业与经济增长的关系很重要。又如张车伟（2009）所述，经济新常态下的我国就业问题很复杂。

赵利等（2014）认为政府宏观政策、城市化水平、经济增长、产业结构、技术进步、投资、消费等均是影响劳动就业的因素。我国就业问题的已有研究主要集中在以下三个方面。

第一，经济增长对就业的影响。从产出的就业弹性分析来看，丁守海（2009）在考虑到产出的滞后影响后，与已有结论相比，产出的就业弹性会出现较大幅度的上升。

从经济增长和失业的关系（即奥肯定律）来看，正常情况下（Attfield & Silverstone, 1997; Moosa, 1997），在国外得到普遍认同的奥肯定律似乎在我国出现了变异。蔡昉（2007）以及方福前和孙永君（2010）做了相关的研究。

近年来，关于经济增长与失业关系的研究形成了两个不同的分支。一方面，把线性奥肯定律扩展到非线性奥肯定律的研究框架（Huang & Lin，2006；林秀梅和王磊，2007；陈宇峰等，2011；Chinn等，2013；Pereira，2013；孙文凯，2014；任栋等，2014）。另一方面，把研究奥肯定律所采用单变量的情形扩展到面板数据情形（Freeman，2000；魏瑾瑞，2012；Ball et al.，2013；Huang & Yeh，2013）。

第二，产业和就业的关系。人力资源和社会保障部国际劳动保障研究所的莫荣等（2014）认为第二、第三产业内部就业结构发生了巨大变化。赵杨和刘延平（2010）从提高产（行）业的增加值总量来提升就业水平的角度得到，第三产业优于第二产业。韩晓娜和方行明（2013）分析了我国产业结构和就业结构的相关性。丁守海（2014）分析了我国城镇化对就业的影响。

从具体行业对就业的影响来看，田洪川和石美遐（2013）得到，产业升级的前两个层次能够对劳动力就业带来促进作用，而产业升级的第三个层次对就业影响并不显著，但对全要素生产率进行分解后的技术效率能够促进就业的增长。

第三，技术进步对就业的影响。朱轶和熊思敏（2009）认为产业结构的变动对就业有负向影响。叶仁荪等（2008）认为现阶段技术进步对中国就业增长产生了不利影响。刘书祥和曾国彪（2010）以及王君斌和王文甫（2010）等从不同的角度分析了我国技术进步对就业的影响。

在我国，云航（2006）在内生经济增长模型中引入金融变量和金融市场要素，而付卫艳（2014）在分析金融发展、金融稳定与经济增长的关联机制基础上，分别测度了我国金融发展对经济增长的影响。

综上所述，已有文献较少地研究我国金融发展对就业影响的非对称性、地区差异性、不同所有制企业融资约束对就业影响的差异性，以及从频域的视角测度我国金融发展对就业的影响等。但是，已有文献研究问题的角度以及研究问题的方法给本书打下了很好的基础。因此，在已有研究的基础上，本书将展开以下研究。第一，我国金融发展对就业长期和短期影响的分析。第二，不同金融发展水平下，分析我国金融发展对就业影响的非对称效应。第三，分析我国金融发展对就业影响的地区差异性。第四，分析我国金融发展对国有制造业企业和私营制造业企业就业影响的差异性。第五，分析我国金融发展对就业影响的周期差异性。

第3章 我国金融发展对就业的长期和短期影响分析

金融发展是影响就业的最主要因素之一。金融危机的爆发使得大量的工人失业，使得金融发展对就业影响的研究成为近年来的热点问题之一。关于金融发展是否能促进就业，学术界存在一定程度的分歧。一方面，有人认为金融发展会导致就业的减少：放松融资约束可能会让企业投资于资本密集型的技术，从而扩大产出，而不是扩大就业。另一方面，也有人认为金融发展确实会带来就业的增长。因此，为了更好地促进我国就业的增长，有必要针对我国金融市场和就业市场进行深入的分析。

在第1章基于数理模型分析金融发展对劳动力市场均衡的影响中，针对具有同质性的企业，该企业从银行借款的能力受限于道德风险问题。它的运行包括融资阶段、劳动力雇佣阶段和生产阶段。比较了两种情况银行愿意借给企业的资本数额，得出的结论为资金在越发达的金融环境下，企业越能利用好投资环境，从而使就业和产出得到增加。

本章将我国作为一个整体，基于实证分析，测度我国金融发展对就业水平的影响，从实证的角度验证第1章的数理模型结论。首先，给出我国金融发展和就业的趋势分析，包括相关变量的选取，相关变量的统计描述等。其次，基于长期自回归分布滞后模型和短期误差修正模型，分析了我国金融发展对就业水平的长期影响和短期影响关系。最后是本章小结。

3.1 我国金融发展和就业的统计描述

3.1.1 相关变量的选取

本章采用中国1979~2015年37个年度的数据，其来源为《新中国六十五年统计资料汇编》、中经网和国家统计局网站等。部分缺少的数据采用已有数据的线性插值近似替代。实证分析所用到的变量如下。

(1) 被解释变量：就业量（L）采用年底就业人数。

(2) 解释变量：借鉴杨友才（2014）的选取方法，金融发展水平采用当年金融机构人民币贷款余额占当年名义GDP的比重来衡量，记作FD_1。为了进一步检验金融发展的效应是否稳健，本书也采用当年金融机构人民币各项存款与贷款余额之和占当年名义GDP的比重来度量金融发展水平，记作FD_2。

(3) 控制变量：影响就业的因素比较多，比如，国内生产总值、产业结构、中国人均受教育年限和城镇化水平等。本书通过限制性检验，选取的控制变量为人均受教育年限和城镇化水平（唐时达等，2015）。

人均受教育年限（EDU），借鉴陈钊等运用1989~2003年的人均教育年限数据的估算方法，近似推算出1979~2015年的人均受教育年限数据。

城镇化水平（URB）按照公认的度量方式，为城镇人口数占总人口数的比重。

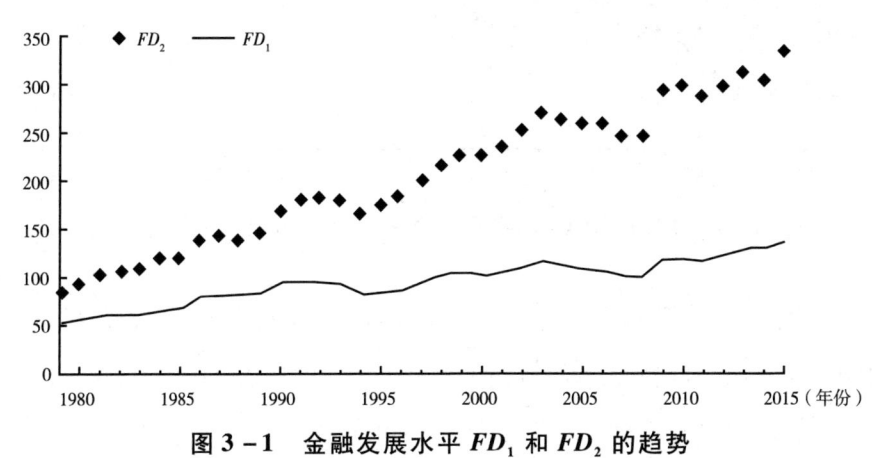

图 3-1 给出了金融发展水平的两个代理变量 FD_1 和 FD_2 的趋势。

图 3-1 金融发展水平 FD_1 和 FD_2 的趋势

由图 3-1 可知，金融发展水平的两个代理变量 FD_1 和 FD_2 具有大致相同的变动趋势。进一步，对 FD_1 和 FD_2 进行相关性的 t 检验，由表 3-1 可知，FD_1 和 FD_2 具有很强的相关性。因此，下文均采用 FD_1 表征金融发展水平，FD_2 作为金融发展水平的稳健性检验变量。

表 3-1　FD_1 和 FD_2 的相关性 t 检验

相关系数	t 统计量	P 值
0.97	25.68	0.00

3.1.2　描述统计分析

为了直观地获得我国金融发展水平和就业水平的关系，图 3-2 给出 1979~2015 年我国金融发展水平和就业水平的趋势。

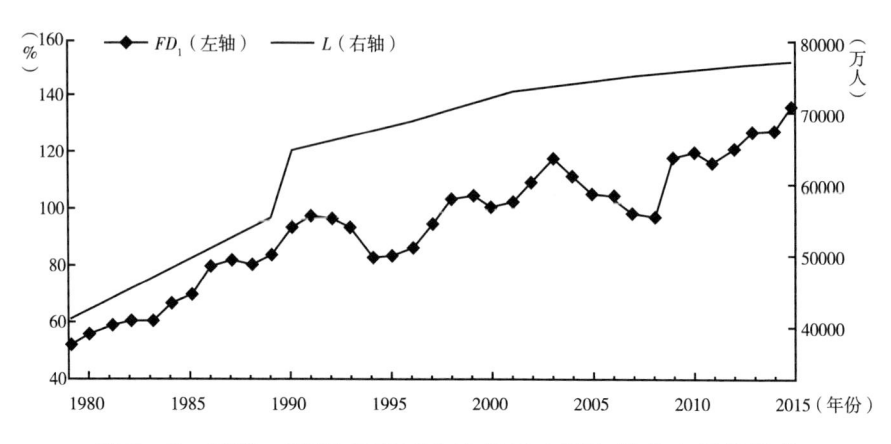

图 3-2 1979~2015 年我国金融发展水平和就业水平的趋势

由图 3-2 可知，一方面，自我国经济实行改革开放以来，我国的就业水平保持了平稳较快的增长。尤其是改革开放初期，就业水平增长的速度很快，近年来的就业水平保持稳定缓慢的增长。为了促进有效的就业，我国政府还需要多方位拓展就业路子，这也是我国政府提出"大众创业，万众创新"口号的背景。另一方面，自改革开放以来，我国的金融市场得到了前所未有的快速增长，金融发展水平也在波动中快速提高。进入经济新常态以来，中国人民银行采取有效的措施，使金融市场在经济稳定发展中起到了积极的作用。尤其是近年来，第三产业成为我国容纳就业的主要行业。政府也是一直致力于减少中小企业税负，以及容许民营企业进入金融机构等。总之，政府在不断减轻中小企业的融资约束，使其创造更多的就业岗位。因此，金融扶持也成为促进就业的主旋律。

进一步，为了更好地了解金融发展和就业水平的关系，给出对应变量的描述统计结果，具体地，计算金融发展水平 FD_1 和就业水平 L 的均值和标准差，如表 3-2 所示。

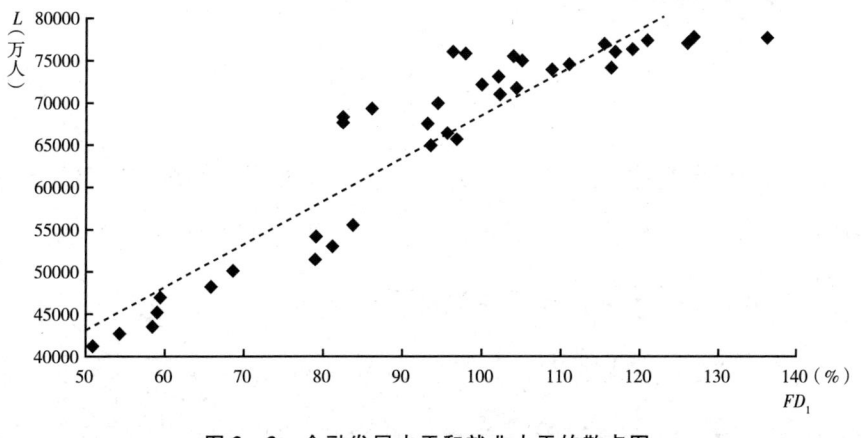

表 3-2　金融发展水平和就业水平的描述统计结果

指标	金融发展水平	就业水平
均值	94.15(%)	65231.62(万人)
标准差	21.98(%)	11981.06(人)

由表 3-2 可知，1979~2015 年，我国就业水平的平均值为 65231.62 万人，对应的一个单位标准差的波动为 11981.06 人。同时，金融发展水平的均值为 94.15%，对应的一个单位标准差的波动为 21.98%。直观地，给出金融发展水平和就业水平相关性的 t 检验，由表3-3可知，金融发展水平和就业水平的相关系数为 0.93，说明它们之间具有很高的相关性。对应的 t-统计量的值为 14.58，P 值为 0.00。因此，本书认为金融发展水平和就业水平具有显著的正相关关系。

表 3-3　金融发展水平和就业水平相关性 t 检验

相关系数	t 统计量	P 值
0.93	14.58	0.00

进一步，给出金融发展水平和就业水平的散点图，见图 3-3。

图 3-3　金融发展水平和就业水平的散点图

由图3-3可知，我国金融发展水平和就业水平都在不断的提高。尤其是从长期来看，它们的正相关性显著。因此，有必要从长期来验证金融发展对就业影响的正相关关系，而且进一步从短期来检验它们对应的长期非均衡误差项的有效性。

3.2 相关模型的设定

分布滞后模型和误差修正模型。本章为了分析金融发展水平和就业水平的长期均衡关系，选用自回归分布滞后（ARDL）模型形式，即设定更一般的ARDL模型。比如，$ARDL(p,q)$可写作：

$$L_t = \mu + \sum_{j=1}^{p} \lambda_j L_{t-j} + \sum_{j=0}^{q} \delta_j FD_{1,t-j} + \sum_k X_{k,t} + \varepsilon_t \tag{3.1}$$

其中λ_j和δ_j表示滞后j期的L_{t-j}和$FD_{1,t-j}$对L_t的影响程度，$X_{k,t}$为相应的控制变量，本章选用的控制变量是人均受教育年限EDU和城镇化水平URB。在模型（3.1）的基础上，构建误差修正模型来分析就业水平变动量ΔL_t和金融发展水平变动量$\Delta FD_{1,t}$的短期调整关系。误差修正模型设定为：

$$\Delta L_t = \mu + \varphi(L_{t-1} - \theta FD_{1,t-1} - \mu) + \sum_{j=1}^{p-1} \lambda^*_j \Delta L_{t-j} + \sum_{j=0}^{q-1} \delta^*_j \Delta FD_{1,t-j} + \varepsilon_t \tag{3.2}$$

其中，对我国整体经济而言，φ为$t-1$期的误差修正项（$L_{t-1} - \theta FD_{1,t-1} - \mu$）的系数。当$\varphi < 0$时，可以依据误差修正项$ECM_{t-1} = L_{t-1} - \theta FD_{1,t-1} - \sum X - \mu$来分析修正的作用。

（1）若$t-1$时刻L_{t-1}大于其均衡解$\theta FD_{1,t-1} + \sum X + \mu$，则$ECM_{t-1}$为正，从而$\varphi ECM_{t-1}$为负，使得$\Delta L_t$减小。

(2) 若 $t-1$ 时刻 L_{t-1} 小于其均衡解 $\theta FD_{1,t-1} + \sum X + \mu$，则 ECM_{t-1} 为负，从而 φECM_{t-1} 为正，使得 ΔL_t 增大。

这很好地测度了长期非均衡误差项 ECM_{t-1} 对 L_t 的控制。

3.2.1 单位根检验

为了保证所构建的回归模型能真实地反映金融发展水平 FD_1 和就业水平 L 的关系，避免"虚假回归"现象的出现，首先对金融发展水平 FD_1、就业水平 L、人均受教育年限 EDU 和城镇化水平 URB 进行单位根检验。检验结果如表 3-4 所示。

表 3-4 相关变量的 ADF 单位根检验结果

(1) 就业水平原变量 L 的 ADF 检验结果

		t 统计量	P 值
ADF 检验统计量		-2.475971	0.1300
检验的临界值	1%	-3.639407	
	5%	-2.951125	
	10%	-2.614300	

(2) 就业水平一阶差分变量 ΔL 的 ADF 检验结果

		t 统计量	P 值
ADF 检验统计量		-5.197686	0.0002
检验的临界值	1%	-3.646342	
	5%	-2.954021	
	10%	-2.615817	

（3）金融发展水平原变量 FD_1 的 ADF 检验结果

		t 统计量	P 值
ADF 检验统计量		-1.221799	0.6535
检验的临界值	1%	-3.639407	
	5%	-2.951125	
	10%	-2.614300	

（4）金融发展水平一阶差分变量 ΔFD_1 的 ADF 检验结果

		t 统计量	P 值
ADF 检验统计量		-4.942727	0.0003
检验的临界值	1%	-3.653730	
	5%	-2.957110	
	10%	-2.617434	

（5）人均受教育年限原变量 EDU 的 ADF 检验结果

		t 统计量	P 值
ADF 检验统计量		-1.140405	0.6877
检验的临界值	1%	-3.646342	
	5%	-2.954021	
	10%	-2.615817	

（6）人均受教育年限一阶差分变量 ΔEDU 的 ADF 检验结果

		t 统计量	P 值
ADF 检验统计量		-8.217753	0.0000
检验的临界值	1%	-3.646342	
	5%	-2.954021	
	10%	-2.615817	

（7）城镇化水平原变量 URB 的 ADF 检验结果

		t 统计量	P 值
ADF 检验统计量		-2.169372	0.4840
检验的临界值	1%	-4.394309	
	5%	-3.612199	
	10%	-3.243079	

（8）城镇化水平一阶差分变量的 ADF 检验结果

		t 统计量	P 值
ADF 检验统计量		-4.712216	0.0018
检验的临界值	1%	-3.857386	
	5%	-3.040391	
	10%	-2.660551	

表 3-4 显示，金融发展水平 FD_1、就业水平 L、人均受教育年限 EDU 和城镇化水平 URB 对应的原变量均为非平稳变量。但是，它们对应的一阶差分变量均为平稳变量。也就是说，它们都是同阶单整的。

3.2.2 协整检验

针对以上变量做 Johansen 协整检验，结果如表 3-5 所示。

表 3-5 相关变量的协整检验结果

无约束协整秩检验（迹）

原假设没有协整关系的个数	特征值	迹统计量	5%临界值	P 值
无	0.525200	50.45501	47.85613	0.0279
至多 1 个	0.465420	25.87457	29.79707	0.1325
至多 2 个	0.137547	5.207564	15.49471	0.7864
至多 3 个	0.009782	0.324398	3.841466	0.5690

表 3-5 显示，对以上四个变量进行的 Johansen 协整检验中，针对原假设为"不存在协整关系"，对应的迹统计量值为 50.45501，对应的检验 P 值为 0.0279。因此，拒绝原假设，即至少存在一个协整关系。进一步，针对原假设"至多存在一个协整关系"，对应的迹统计量值为 25.87457，对应的检验 P 值为 0.1325。因此，接受原假设。综合以上检验可知，本书所考察的金融发展水平 FD_1、就业水平 L、人均受教育年限 EDU 和城镇化水平 URB，存在一个长期均衡关系。

3.3　金融发展对就业水平的长期影响分析

由以上的协整检验可知，本书可以对它们的原变量直接构建多元回归模型，以便分析它们的长期影响关系。进而，利用普通最小二乘估计，得到对应的多元回归方程：

$$L = 10875.47 + 187.1542 \times FD_1 + 5742.31 \times EDU + 64.20 \times URB$$
$$t \quad (5.12) \quad (3.34) \quad (6.23) \quad (2.05) \quad (3.3)$$
$$\overline{R}^2 = 0.93 \quad F = 135.98$$

由方程（3.3）可知，一方面，当检验显著性水平为 0.05 时，金融发展水平 FD_1、人均受教育水平 EDU 和城镇化水平 URB 联合起来，对就业水平 L 存在显著的影响关系，对应的修正可决系数为 0.93，联合检验的统计量 F 的值为 135.98。另一方面，金融发展水平 FD_1、人均受教育水平 EDU 和城镇化水平 URB 分别对就业水平 L 存在显著的影响关系，对应的 t 统计量分别为 3.34、6.23 和 2.05。经济含义解释为：在其他变量保持不变的情形下，金融发展

水平 FD_1 增加一个单位，平均而言，就业水平 L 增加 187.1542 个单位。即随着金融发展水平的提高，对就业水平有显著的促进作用，这与已有的数理模型结论是一致的。直观的拟合情况如图 3-4 所示。

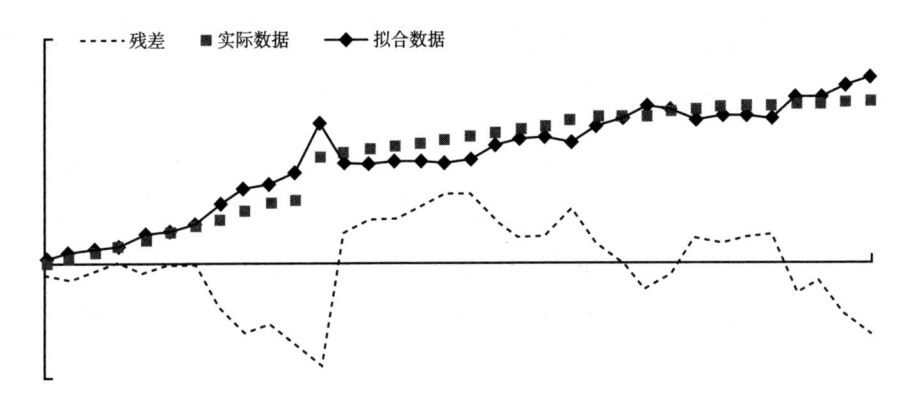

图 3-4 就业水平的实际数据、拟合数据和残差

由图 3-4 可知，除了就业水平的个别异常值外，本书所估计的模型，对应的就业水平估计值对真实的就业水平有很好的拟合作用。这也证明了本书所构建的上述模型是恰当的。

3.4 金融发展对就业水平的短期影响分析

以上基于长期均衡模型，分析了金融发展水平和就业水平直接存在长期正的均衡关系。为了进一步分析短期内金融发展水平变动对就业水平变动的关系。本书构建如下的误差修正模型：

$$D\dot{L}_t = -0.06 \times ECM_{t-1} + 54.62 \times DFD_{1,t} + 2096.04 \times DEDU_t$$
$$+ 344.25 \times DURB_t$$

$$t \quad (2.54) \quad (2.81) \quad (4.52) \quad (2.11)$$

$$\bar{R}^2 = 0.83$$

(3.4)

其中，非均衡误差项 ECM_{t-1} 是上述均衡模型在 $t-1$ 时的误差项。由以上误差修正方程式可知，非均衡误差项 ECM_{t-1} 的系数为 -0.06，对应的 t 统计量为 2.54。因此，从短期来看，就业水平变动是由较稳定的长期趋势和短期波动所决定的。短期内就业水平变动和金融发展水平变动的偏离程度的大小，直接导致波动振幅的大小。从长期来看，金融发展对就业存在显著的长期影响关系。所以，一方面，我国金融发展的变动对就业水平的变动存在正的影响关系。另一方面，非均衡误差项对短期波动存在修正作用，使得金融发展水平对就业水平的影响，从长期来看存在正向影响关系。这一结论进一步检验了数理模型的理论结论，在我国也是成立的。

3.5 本章小结

本章利用我国 1979~2015 年的年度时间序列数据，验证了金融发展能促进就业的数理模型结论。第一，我国的金融发展水平采用当年金融机构人民币贷款余额占当年名义 GDP 的比重来衡量，年底就业人数衡量就业水平。第二，对我国金融发展水平和就业水平进行了描述统计分析，得出的结论为随着金融发展水平的提高，我国就业水平也在不断提高。第三，基于自回归分布滞后模型，测度了我国金融发展水平和就业水平的长期均衡关系，得到我国金融发展水平对就业确实存在正向的影响关系，这和第 1 章的理论结论是一致的。第四，基于误差修正模型，测度了我国金融发展水平和就业水平的长期均衡关系，以及将短期非均衡状态拉回到长期均衡状态的程度。认为我国金融发展水平的变动对就业水平的变动短期影响的关系成立。

综上所述，不管是从长期来看，还是从短期来看，我国金融发展水平对就业水平都存在正向影响关系，因而金融发展在促进就业中起到了重要的作用。

第4章 我国金融发展对就业影响的非对称效应分析

　　金融发展对就业的影响研究，受到理论和实证研究者以及政策制定者的广泛关注。同时，从就业研究的角度来看，金融发展是影响就业的最主要因素之一。如果忽略了它的作用，也不能对就业的决定机制有透彻的认识。近年来，我国金融市场发展状态良好，但经济新常态下的就业问题也越显突出。政府提倡利用金融扶持政策，来促进我国的有效就业。本书研究金融发展对就业的影响，可为政府调控金融市场的健康发展，以及促进就业提供科学的依据。

　　2010年诺贝尔经济学奖获得者Pissarides的搜索匹配模型，被称为就业分析的经典模型之一。在信息不完备的市场环境下，基于搜索匹配模型，认为金融发展对就业产生显著的影响。考虑到信贷市场的不完善，认为就业率不高的原因不仅仅是劳动力市场的摩擦性，还包括信贷市场的不完善性，它是货币政策等引起的微观经济摩擦所导致的。另外，Pagano和Pica（2012）及Gatti等（2012）基于数理模型推导出，在金融发展提升就业水平的同时，还会存在一定的非对称性。

　　目前已有的实证结果和经验方法包括，赵振全等（2007）、黄智淋和董志勇（2013）、杨友才（2014）分别利用多元门限模型、动态面板数据门限模型和面板门限模型等，从不同的物价水平等角度，研究了我国金融发展对产出等变量的非对称性。

Pagano 和 Pica（2012）将融资约束增加到 C－D 生产函数中，从理论上测度了金融发展对就业的影响。

基本假定包括：经济中的企业是同质的，以及完全竞争的产品和劳动力市场。企业生产利用了资本 K 和劳动力 L 的 C－D 生产函数。设参数 λ 反映银行审查和掌控的能力，即测度了经济中的金融发展水平，它取决于中介机构的效率和法律制度的质量。从以下三个阶段来分析。

第一个阶段，融资阶段：企业家借入资金 F，连同自有资产 A，购买资本 K。

第二个阶段，劳动力雇佣阶段：企业家雇佣工人数 L。

第三个阶段，生产阶段：该企业产生收入为 Y，工人得到的工资收入为 WL，企业家提取私人收益 B，剩下的归银行所有。

可以得到企业需求对应的劳动力需求为：

$$L_C^D = \left(\frac{\alpha\theta}{W}\right)^{\frac{1}{1-\alpha}} \frac{A}{1-\lambda\phi(W)} \tag{4.1}$$

即劳动力需求为工资的减函数。因此，在给定工资水平 W 情况下，金融发展水平 λ 越高，限制性资本存量越多，这引起更多的劳动力需求，使得企业可以更多地投资和雇用更多的工人。

图 4－1 反映了金融发展水平从 λ 到 λ' 时，金融发展水平对就业的影响。即随着金融发展水平的提高，就业对应的需求曲线向右上方向移动。特别地，需求曲线在工资门限值 $\underline{W}$ 附近变得很平坦。因此，金融发展增加了均衡就业。

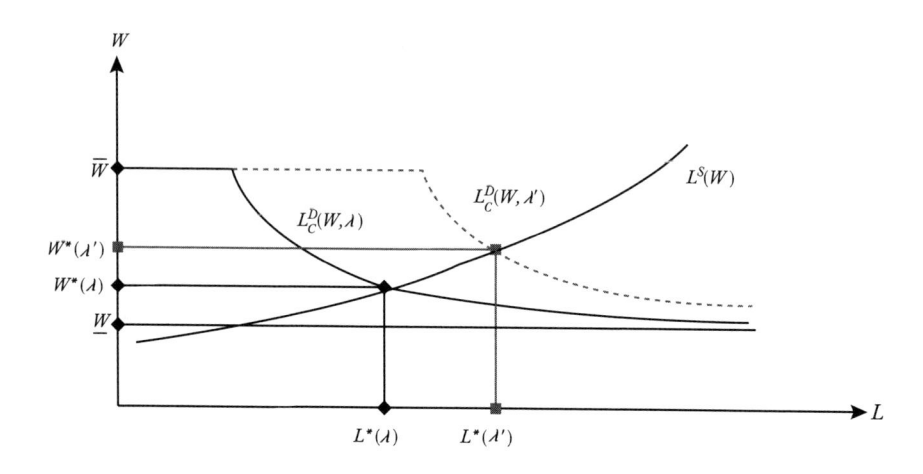

图 4-1 金融发展对就业的影响：对一个厂商而言

从图 4-1 也能得到，企业的盈利能力随着金融发展水平 λ 的增加而增加。经济含义解释为：在越发达的金融环境下，企业越能利用好投资环境，从而使就业得到增加。

进一步，本书假定每个企业 i（$i=1,2,\cdots,N$）都有有效的资本存量 $\bar{K}_i$，超过它的投资将不再增加收益。具体地，假定有两种类型的企业，即高有效资本 $\bar{K}_H$ 和低有效资本 $\bar{K}_L$。前者的高资本需求使其更多地依赖于外部金融。因此，如表 4-1 所示，根据不同的金融发展水平，可以将经济分为三个"区域"。

表 4-1 不同金融发展水平对应的融资机制

区域	金融发展水平	融资机制
区域 A：低 λ	$\lambda\phi(W^*) < (\bar{K}_L - A)/\bar{K}_L$	所有企业均有约束
区域 B：中等 λ	$\lambda\phi(W^*) \in [(\bar{K}_L - A)/\bar{K}_L, (\bar{K}_H - A)/\bar{K}_H]$	融资依赖高的企业有约束 融资依赖低的企业没有约束
区域 C：高 λ	$\lambda\phi(W^*) > (\bar{K}_H - A)/\bar{K}_H$	所有企业不受约束

第4章　我国金融发展对就业影响的非对称效应分析

由表4-1可知，随着金融发展水平 λ 的提高，经济将从区域 A 向区域 C 移动，因此不受约束的企业也在增加，就业对企业现金流水平的依赖也在减弱。但是，不管是对受约束的还是不受约束的企业，生产率参数 θ 对就业都有影响。因此，随着金融发展水平的提高，就业受现金流冲击的影响逐渐减小，但受生产率冲击的影响不会减弱。而且，一旦进入区域 C，λ 的提高将不会再影响就业量。这意味着，在最后一个区域里，随着金融发展水平的提高，其对就业的影响反而会减弱。

以上数理模型的推导，可以为本书提供以下的实证预测：第一，从整体来看，金融发展可以有效地促进就业；第二，随着金融发展水平的不断提高，金融发展水平的提高对就业产生越来越小的影响。

因此，以下本书将利用我国国家层面的相关数据，对以上数理模型的实证预测结论进行验证分析。

综上所述，一方面，已有文献更多地关注了中国金融发展对产出的影响，而较少关注金融发展对就业的关系。另一方面，已有文献更多地测度了金融发展对就业的线性影响，正如本书第3章侧重分析了金融发展对就业影响的线性关系，而较少地关注它们之间的非线性关系。而且平滑转移模型与门限模型相比，能更好地反映经济现象在不同状态上的转移。因此，本章拟在已有文献的基础上，首先，基于附加融资约束的数理模型阐述金融发展对就业的影响。其次，基于平滑转移的向量自回归模型，在不同的金融发展水平下，分析中国金融发展对就业影响的差异性特征。以下结构安排为：第一部分是我国金融发展水平和就业的相关性统计描述；第二部分是平滑转移向量自回归模型的设定；第三部分是不同状态下金融发展对就业影响的分析；第四部分是新常态下通过金融改革促进就业的启示；第五部分是本章小结。

4.1 我国金融发展水平和就业的相关性统计描述

4.1.1 变量的选取

类似于第3章，本章采用中国1979~2015年的37个年度数据。其来源为《新中国六十五年统计资料汇编》、中经网和国家统计局网站等。部分缺少的数据采用已有数据的线性插值近似替代。实证分析所用到的变量如下。

（1）被解释变量：就业量 L 采用年底就业人数。

（2）解释变量：借鉴已有文献的常用选取方法，金融发展水平采用当年金融机构人民币贷款余额占当年名义 GDP 的比重来衡量，记作 FD_1。为了进一步检验金融发展的效应是否稳健，本书也采用当年金融机构人民币各项存款与贷款余额之和占当年名义 GDP 的比重来度量金融发展水平，记作 FD_2。

（3）控制变量：影响就业的因素比较多，比如国内生产总值、产业结构、人均受教育年限和城镇化水平等。本书通过限制性检验，选取的控制变量为人均受教育年限和城镇化水平。

人均受教育年限 EDU，借鉴陈钊等运用1989~2003年的人均受教育年限数据的估算方法，近似推算出1979~2015年的人均受教育年限数据。

城镇化水平 URB 按照公认的度量方式，为城镇人口数占总人口数的比重。

4.1.2 金融发展和就业的相关性分析

一方面，利用 Pearson 相关系数的 t-统计量进行检验可知，统计量 t 统计量为 15.29，P 值为 0.00。另一方面，给出金融发展水平与就业水平的散点图（见图 4-2）。综上所述，我国金融发展水平对就业水平存在正向影响关系。但是，它们之间不是简单的线性增长关系。因此，有必要构建体制状况的非线性模型来进一步测度它们的关系特征。

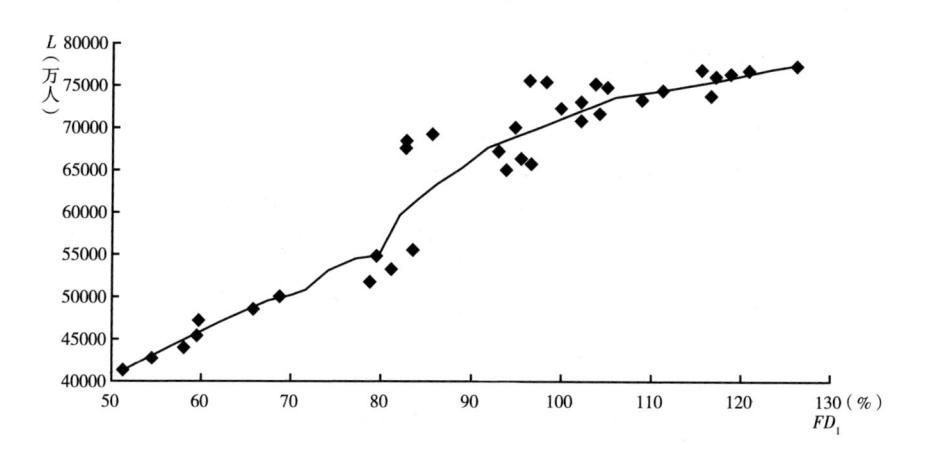

图 4-2　金融发展水平与就业水平的散点图

由图 4-2 可知，金融发展水平和就业水平不仅是显著相关的，而且金融发展水平对就业水平的影响关系具有非线性特征。因此，以下基于不同的金融发展水平视角，考察金融发展水平对就业水平影响的非对称性特征。

4.2　相关模型的设定

首先，针对被解释变量就业发展水平 L，解释变量金融发展水平 FD_1，控制变量城镇化水平 URB 和人均受教育年限 EDU，构建基本模型如下：

$$L_t = \alpha_0 + \alpha_1 FD_{1,t} + \alpha_2 URB_t + \alpha_3 EDU_t + u_t \tag{4.2}$$

模型（4.2）的备择假设 LST 模型为：

$$L_t = \alpha_{0,1} + \alpha_{1,1} FD_{1,t} + (\alpha_{0,2} + \alpha_{1,2} FD_{1,t}) F(\gamma, c; s_t) + \alpha_2 URB_t + \alpha_3 EDU_t + u_t \tag{4.3}$$

其中，$F(\gamma, c; s_t)$ 为转移函数，s_t 为转移变量，本书将金融发展水平及其滞后变量作为可能的转换变量，反映金融发展水平。

对 LST 模型（4.3）进行线性检验。首先，原假设 $H_0: \gamma = 0$，备择假设 $H_1: \gamma > 0$。接着构建 LM 检验统计量：$LM = T(SSR^0 - SSR^1)/SSR^0$，给出 e_t 和 SSR^0。e_t 关于 $FD_{1,t}$、$s_t FD_{1,t}$、URB_t 和 EDU_t 回归，估计出残差平方和 SSR^1。

通过以上的检验可知，转移变量选取为当期的金融发展水平 $FD_{1,t}$ 时，本书所研究的金融发展对就业的影响关系，可以用 LST 模型来描述。

对 LST 模型，利用 NLS 计算出参数 γ 和参数 c 的估计值分别为 8.00 和 100.00。为了考察以上模型检验和估计的稳健性，利用 $FD_{2,t}$ 代替 $FD_{1,t}$，得到了基本相同的结论。

金融发展水平序列可被定义为两个状态，当 $FD_{1,t} \geq 100.00$ 时，定义为金融发展水平的较高状态；反之，当 $FD_{1,t} < 100.00$ 时，定义为较低水平。而且根据转移参数 γ 为 8.00 可知，对中国金融发展而言，一旦处在金融发展的较高水平（或者较低水平）的状态，都将有较强的自身持续能力，而且在不同状态之间转换时需要较长时间。

针对 Logistic 平滑转移向量自回归模型的估计式进行相关检验

可得，Logistic 平滑转移向量自回归模型能反映相关变量的影响关系。因此，以 $FD_{1,t}$ 作为转移变量，当参数 γ 和 c 值分别为 8.00 和 100.00 时，Logistic 平滑转移向量自回归模型能较好地反映在不同的金融发展水平下，中国金融发展水平对就业水平影响的非对称性。

4.3 不同金融发展状态下金融发展对就业影响的分析

由 $c = 100.00$，给出两种状态：金融发展水平较低（$FD_{1,t} < 100.00$）和较高（$FD_{1,t} \geq 100.00$）。根据不同状态下金融发展对就业的一单位正标准差冲击对应的广义脉冲响应函数，作出不同状态下金融发展对就业的影响图，如图 4-4 所示。

由图 4-3（a）可知，在金融发展水平较低的情形下，就业水平具有长期的正向效应，在逐渐增加后，基本保持平稳。由图 4-4（b）可知，在金融发展水平较高的情形下，就业水平也具有长期的正向效应。初期呈现逐步减小态势，最后大致保持着正的平稳状态。

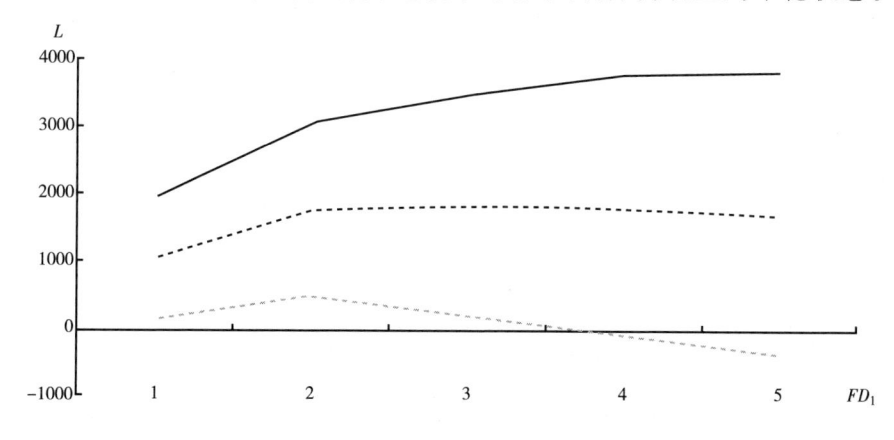

（a）金融发展水平较低情形下金融发展水平对就业水平的影响

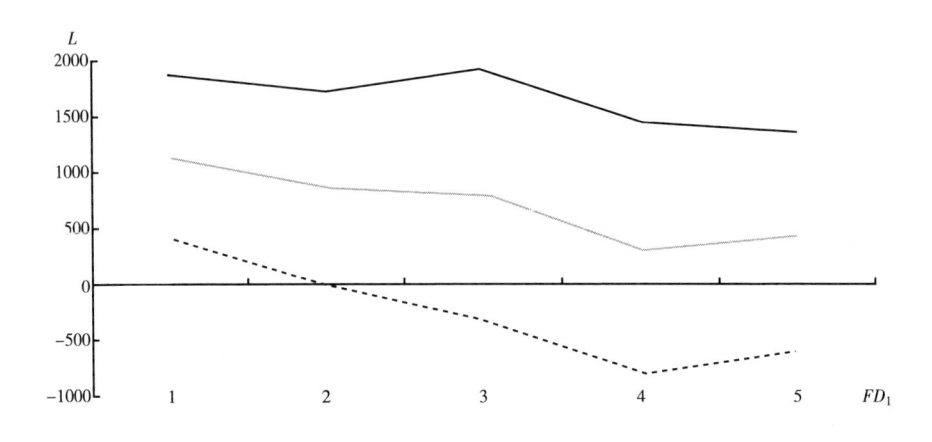

(b) 金融发展水平较高情形下金融发展水平对就业水平的影响

图 4-3　不同状态下金融发展水平对就业水平的影响

综上所述，得到如下结论。第一，金融发展对就业存在显著的正冲击效应。出现这种现象的可能原因是：改革开放以来，中国金融市场得到快速发展的同时，较好地缓解了企业融资约束。因此，企业为了满足经济快速发展的需要，必须扩大企业规模，增加投资，同时也就提高了全社会的就业水平，即中国的金融发展促进了就业。第二，相比而言，在较低的金融发展水平下，金融发展对就业的正冲击效应更大更显著。这和本书的数理模型结论是基本一致的。可能原因包括以下两方面。一方面，随着改革开放的不断深入和金融市场的不断完善，大型企业的发展规模已经基本稳定甚至出现了产能过剩，即就业需求基本饱和。因此，随着金融发展水平的不断提升，虽然让融资变得容易，但是对这些大型企业没有任何的吸引力。从而，促进就业的效应也就越来越小了。另一方面，中国经济进入了新常态，大中型企业面临供给侧改革和去产能的问题，从而促进就业的重任就落在了大量的中小企业的肩上。但是，金融机构面对这些中小企业仍然是不愿意放贷，从而出现了大量存款和贷款困难同时存在的尴尬局面。这也是中国当前金融发展水平较高，可促进就业效果不显著的主要原因。

4.4 新常态下通过金融改革促进就业的启示

通过以上实证分析可知，新常态下我国金融发展水平处在比较高的状态，因此促进就业的效果不显著。究其原因为，作为吸纳大量就业人员的中小型企业，融资难阻碍了它们的发展。总结中小企业融资难的原因如下。

第一，企业自身的问题。我国中小企业大多具有技术含量低、抗风险能力差、规模和信用水平低以及缺少可供担保抵押的财产等特点，导致融资能力差和融资成本高。

第二，外部融资环境存在的问题。资本市场发展相对落后，融资渠道单一，债券等直接融资方式创新不足，信用担保不能有效满足需求，以及没有健全的法律制度确保中小企业的平等权利等。

为了通过金融改革，促进金融发展的同时增加就业，通过金融改革发展促进就业的政策启示如下。

第一，通过加大银行组织结构和金融机构等方式的创新，为企业构建多层次的融资渠道和方式。

第二，通过完善企业股权融资机制，逐步扩大债务融资工具发行规模和探索保险机构创新相关的产品等，多维度地减轻企业的融资约束。

第三，通过对商业银行奖励考核制度、规范担保机构相关管理和财税支持政策等，促进金融机构对中小企业的支持力度。

总之，经济新常态下，政府通过加快中小企业的信用管理和给金融机构自主定价权等有效金融改革措施的实施，使中小企业更有利于我国就业率的提高。

4.5　本章小结

本章首先基于附加融资约束的搜索匹配模型，论证了金融发展对就业的影响。其次利用我国国家层面的数据，基于以金融发展水平为转移变量的平滑转移模型，测度了不同金融发展水平下，其影响关系的非对称性效应。得到的主要结论如下。

第一，由附加融资约束的数理模型可知，一方面，金融发展对就业存在显著的正向影响关系；另一方面，不同的金融发展水平下，金融发展促进就业的效果也存在差异性。即金融发展水平越高，其对就业促进的效果越差。

第二，由实证分析可知，中国金融发展和就业的关系符合数理模型的推导结论。一方面，中国金融发展显著地促进了就业的增长；另一方面，金融发展水平对就业的影响存在显著的差异性。尤其是，越高的金融发展水平，其促进就业的效果越不显著。

综上所述，随着我国金融发展水平的不断提高，其对就业的影响效果越来越差。而新常态下的我国经济，就面临着较高的金融发展水平，促进就业能力不足的情形。因此，给出政策建议如下。

第一，鉴于我国金融市场不断发展，其对就业的影响保持着显著的正向关系。为了实现我国"稳增长，保就业"的政策，政府还需要进一步深化金融改革，以便更好地促进我国的就业。比如，加强金融市场化，使金融市场的服务中介和机构主体，更好地满足消费者和投融资主体对金融服务的多元化需求，同时促进我国的就业增长。

第二，随着我国金融发展水平的不断提高，金融发展对就业的影响程度，随着其发展水平的提高而减弱。中小企业正逐步成为中国就业创造的主力，它们发展的重要影响因素之一融资约束显得尤为重要。究其原因，我国的融资渠道还是不够健全，企业因为规模小等因素，很难从商业银行借到贷款，进而限制了中小企业自身的发展。因此，当前中国实施的金融扶持和减免税负等政策，促进金融发展的同时更需要倾向于中小企业。比如，适当放宽金融业的准入条件和探索多种形式的融资渠道等。以便促进金融发展的同时增加更多的就业机会。

综上所述，改革开放以来，我国政府实施的多种促进金融发展的措施起到了显著的效果，在推动金融发展的同时，也对增加就业起到了非常重要的作用。但同时也暴露出我国金融市场的发展还是不够完善。因此，政府需要推进我国金融政策的改革，有效地缓解企业的融资约束。从而，保证金融市场有效地服务实体经济的发展，同时有效地促进我国的就业增长。

第5章 我国金融发展对就业影响的地区差异性分析

　　自1979年以来，我国的金融市场得到了飞速的发展。金融市场在经济发展中起到了越来越重要的作用，尤其是对就业的影响。由本书之前的理论阐述可知，随着金融发展水平的提高，各个企业越来越容易取得信贷，这也使得它们为了增加利润，有意愿和有能力去创造更多的工作岗位，从而促进全社会的就业。

　　同时，本书也看到，因为地理位置等原因，我国31个省份的经济发展存在明显的区别，呈现东部发展较快、西部发展较慢的趋势。近年来，根据我国经济发展的战略，政府也越来越重视发展西部，实施了西部大开发战略，以及丝绸之路经济带发展倡议等。这些都为我国经济均衡发展提供了新的动力。为了进一步推进我国金融市场的健康和有序发展，进而促进全社会的有效就业，本书有必要针对各个地区的金融发展在就业中的作用展开研究，从而，为利用金融发展等措施，更好促进全社会就业提供科学的依据。

　　本书第3章和第4章从国家层面上，整体性地分析了我国金融对就业的影响，包括线性和非线性的影响关系。结合已有的研究，本章考虑到，一方面，已有的关于我国金融发展和就业关系的实证研究中，主要是利用我国国家层面的时间序列数据，而关于我国地区层面的面板数据被应用得较少。事实上，我国各个地区的金融发展水平和就业水平等存在非常大的差异。本章拟利用地区层面的相关变量对应的面板数据进行研究。这样不仅对国家层面的分析大大增加了样本量，而且可以更有针对性地分析我国各地区的金融发展对就业的影响关系及其差异性。另一方面，在计量模型的选择上，已有研究大多针对时间序列数据采用线性回归模型或非线性回归模型进行建模，关于面板数据模型的研究相对较少。因此，本章拟构建面板模型，从整体的视角以及将我国分为东部、中部和西部的视角，来测度金融发展与就业的长期均衡和短期变动关系及其差异性。本章的内容安排如下：第一部分是我国各地区金融发展和就业水平的统计描述，第二部分是我国各地区金融发展对就业影响的分析，第三部分是我国东中西部金融发展对就业影响的差异性分析，最后是本章小结。

5.1 我国各省份金融发展和就业水平的统计描述

首先，给出所选取的被解释变量、解释变量以及控制变量；进而针对就业水平和金融发展水平给出它们的变动趋势图，以及相关的描述统计，为本书下一步建模奠定基础。

5.1.1 变量的选取

被解释变量：我国各个地区的就业人员数，记作 L。
解释变量：我国各个地区的金融发展水平，借鉴已有文献用各地区金融机构贷款余额除以各地区生产总值来表征，记作 FD。

控制变量：借鉴已有文献，并结合数据的可获得性，本章选取了如下三个控制变量。

（1）各地区教育水平：用各地区每万人在校大学生人数来表征，记作 EDU。

（2）各地区城镇化水平：用各地区城镇人口数除以各地区总人数来表征，记作 URB。

（3）各地区的投资环境：用各地区固定资产投资额来表征，记作 K。

本章选取了我国 31 个省份 1979~2015 年的年度面板数据，同时分析不同经济发展水平下，金融发展对就业影响的差异。按照国家统计局的划分标准，把 31 个省份分为东部、中部和西部三个区域。其中北京等 11 个省份为东部，山西等 8 个省份为中部，内蒙古等 12 个省份为西部。数据主要来自《新中国六十年统计资料汇编》和国家统计局网站统计数据库等。部分缺失数据采用线性插值法得到。

5.1.2 描述统计分析

我国各省份就业水平趋势见图 5-1。

如图 5-1 所示，自 1979 年以来，我国各省份的就业水平都有很大的提高，整体呈现上升趋势。虽然 2008 年的全球金融危机对我国就业水平有一定的影响，但是波动有限。具体来说，有些省份的就业水平呈现指数增长，有些省份的就业水平呈现直线式增长，而有些省份的就业水平呈现先快后慢等具有个体特征的变动趋势。比如，北京、甘肃和贵州等省份，在一些年份甚至出现了就业水平下降的现象。类似这些特殊情况都需要本书仔细分析背后的原因，

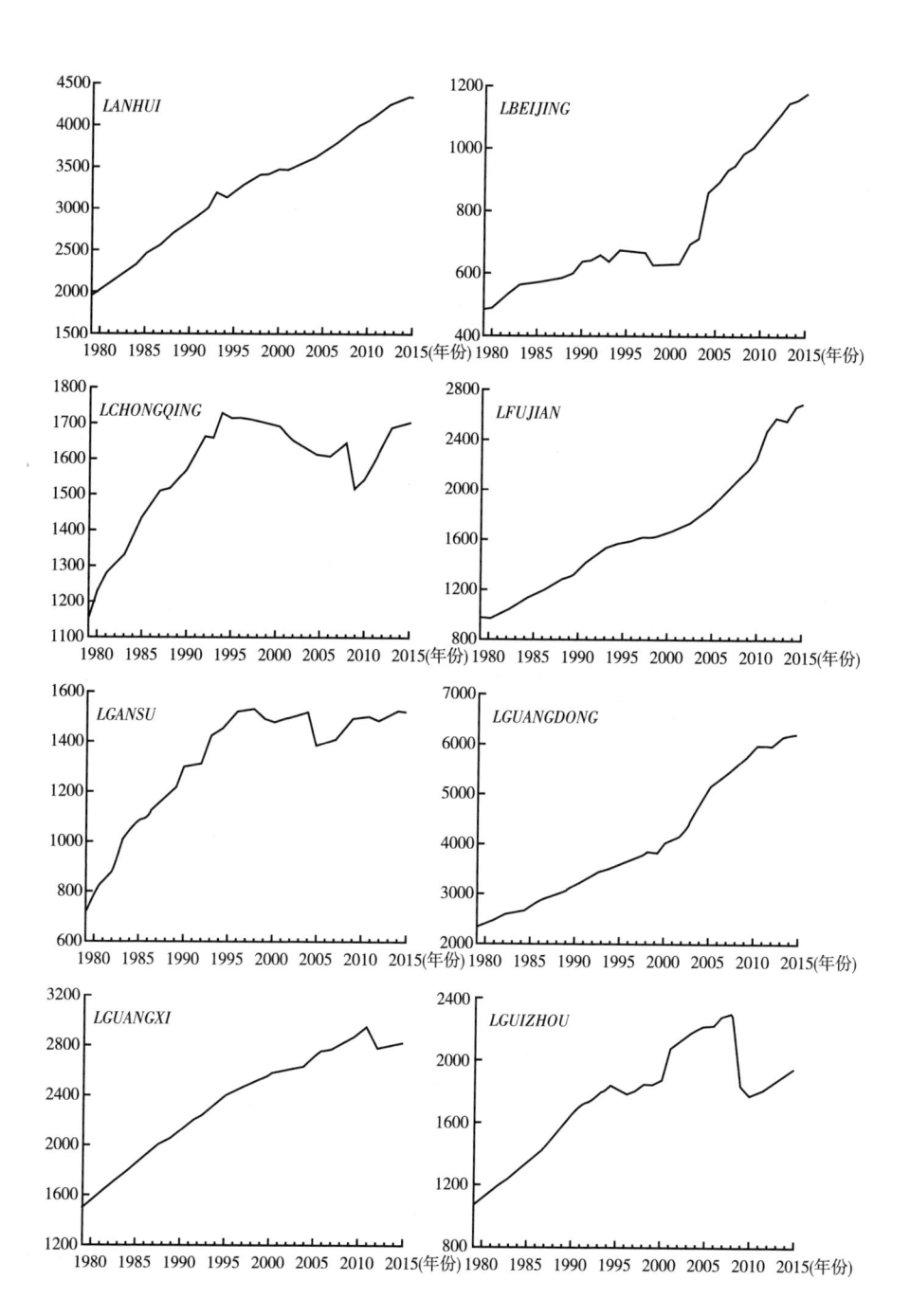

第 5 章 我国金融发展对就业影响的地区差异性分析

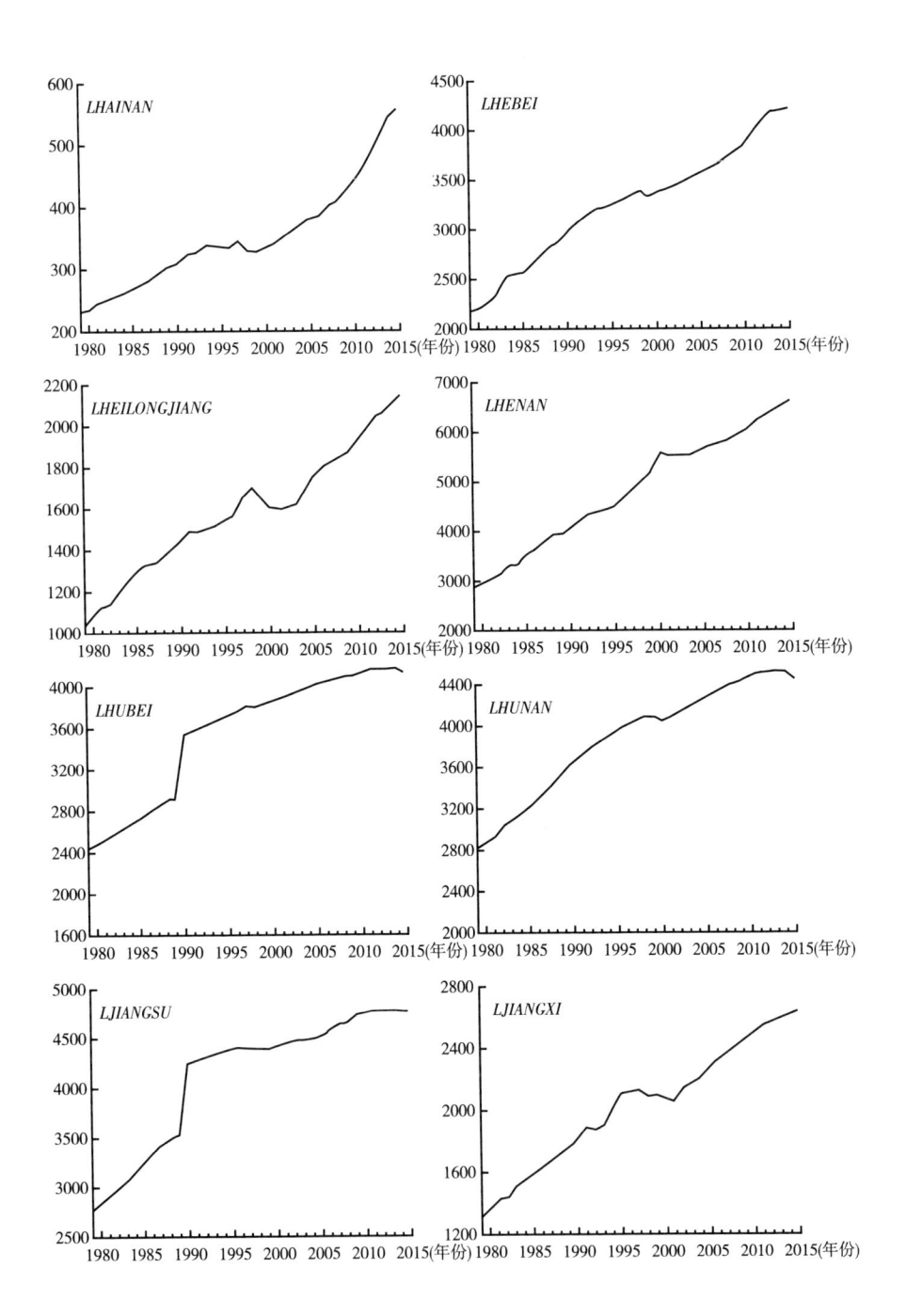

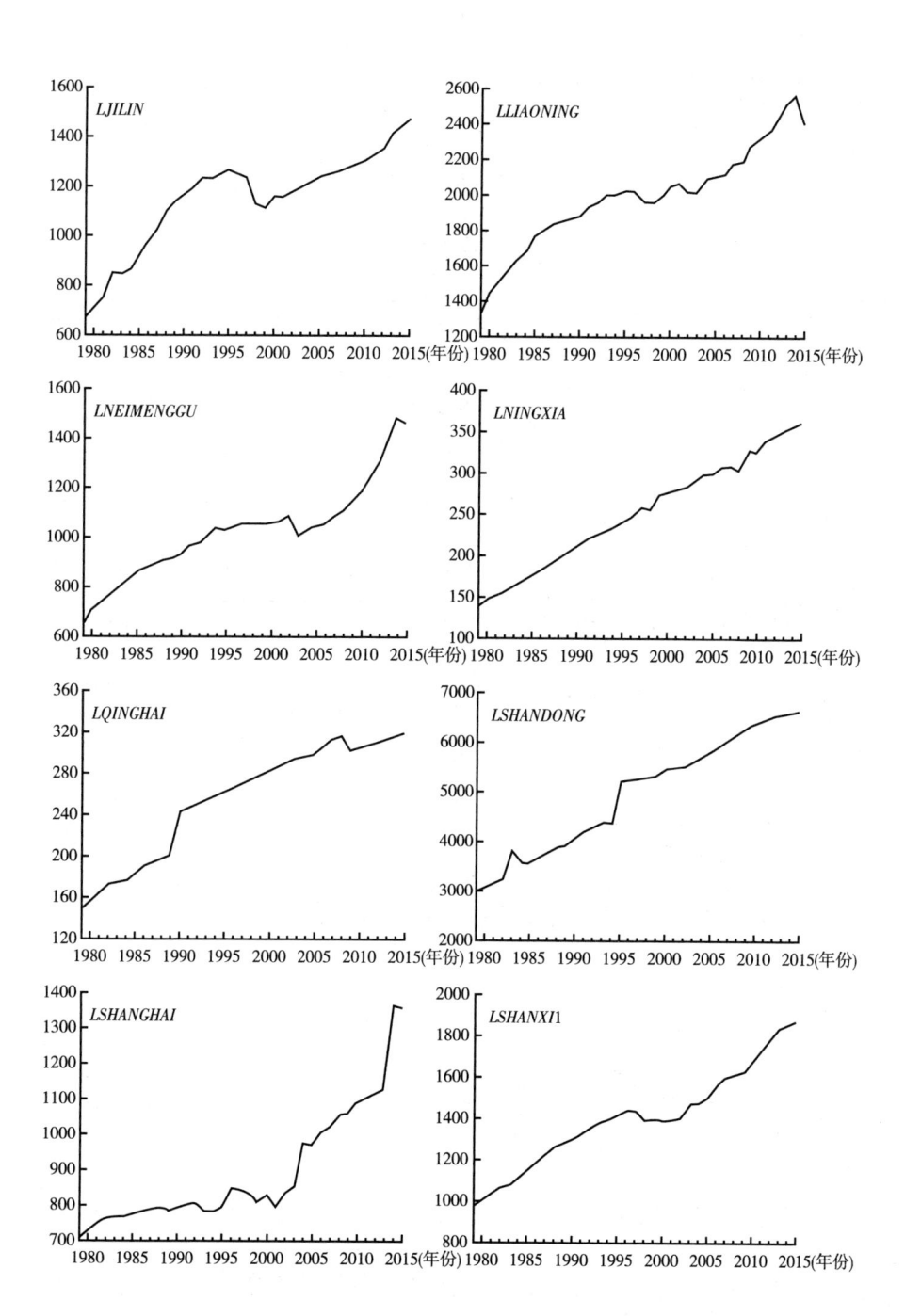

第 5 章　我国金融发展对就业影响的地区差异性分析

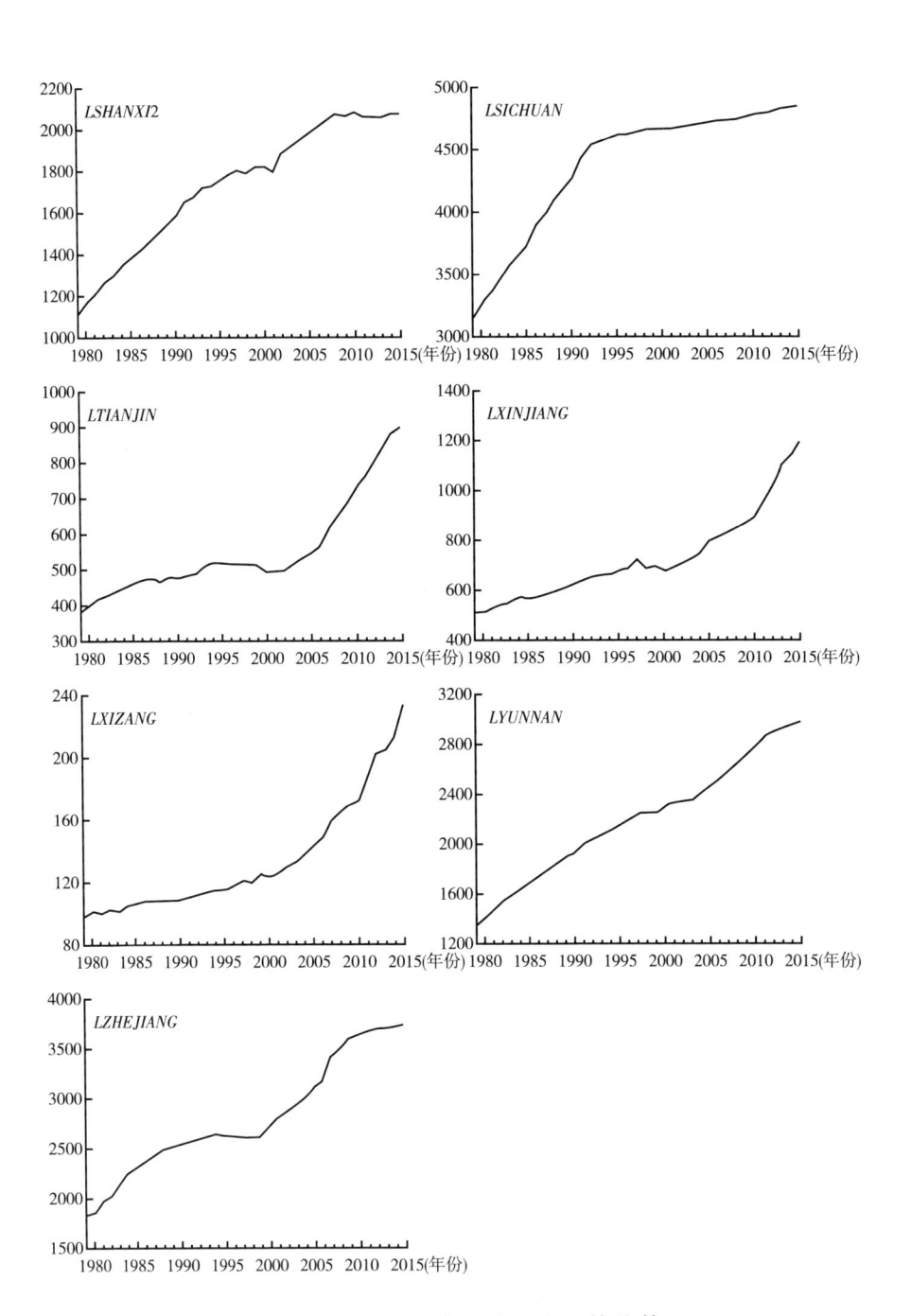

图 5-1 我国各省份就业水平的趋势

以便更好地有效促进我国的就业。

为了比较各省份的就业平均水平和波动情形，以下计算各省份就业水平的均值和标准差，如表5-1所示。

表5-1 我国各省份就业水平的描述统计结果

指标	安徽	北京	重庆	福建	甘肃	广东	广西	贵州
均值	3218.67	738.42	1568.46	1663.11	1323.64	4026.15	2345.26	1740.41
标准差	714.13	213.86	153.22	501.08	240.03	1279.66	434.24	344.34
指标	海南	河北	黑龙江	河南	湖北	湖南	江苏	江西
均值	348.56	3234.87	1579.96	4804.82	3065.97	3388.69	4110.99	2020.25
标准差	84.49	586.10	298.35	1142.97	605.44	532.90	659.29	388.61
指标	吉林	辽宁	内蒙古	宁夏	青海	山东	上海	山西
均值	1152.26	1996.18	1021.74	251.92	254.80	4967.52	894.64	1408.34
标准差	200.05	286.82	193.17	66.77	55.27	1177.81	167.69	242.66
指标	陕西	四川	天津	新疆	西藏	云南	浙江	
均值	1721.40	4370.41	548.54	721.91	133.67	2188.32	2798.23	
标准差	301.60	511.69	136.86	177.23	36.26	467.49	565.36	

表5-1给出了1979~2015年我国各省份就业水平的平均水平和围绕平均水平的波动程度，反映了31个省份的就业水平存在较为明显的差异。表现在，就业水平均值较大的河南省和四川省，但这两个省份相比而言，河南省就业水平的波动为1142.97，远大于四川省的波动511.69。当然它们都是我国的人口大省。表5-1只是针对全国的就业水平，这样考察会掩盖省份之间就业程度的差异性。

进一步，给出我国各个省份的金融发展水平的趋势，如图5-2所示。

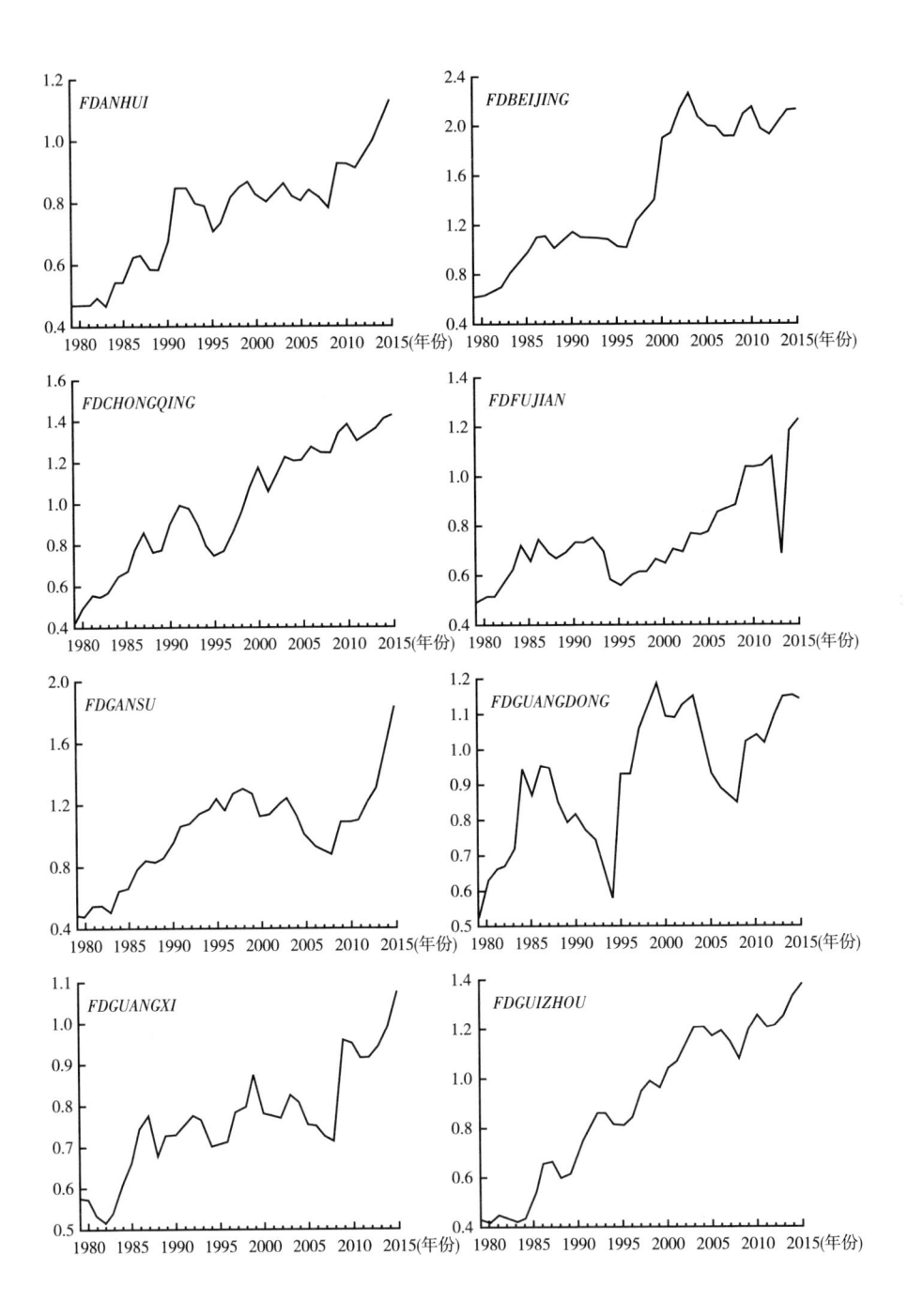

第 5 章 我国金融发展对就业影响的地区差异性分析

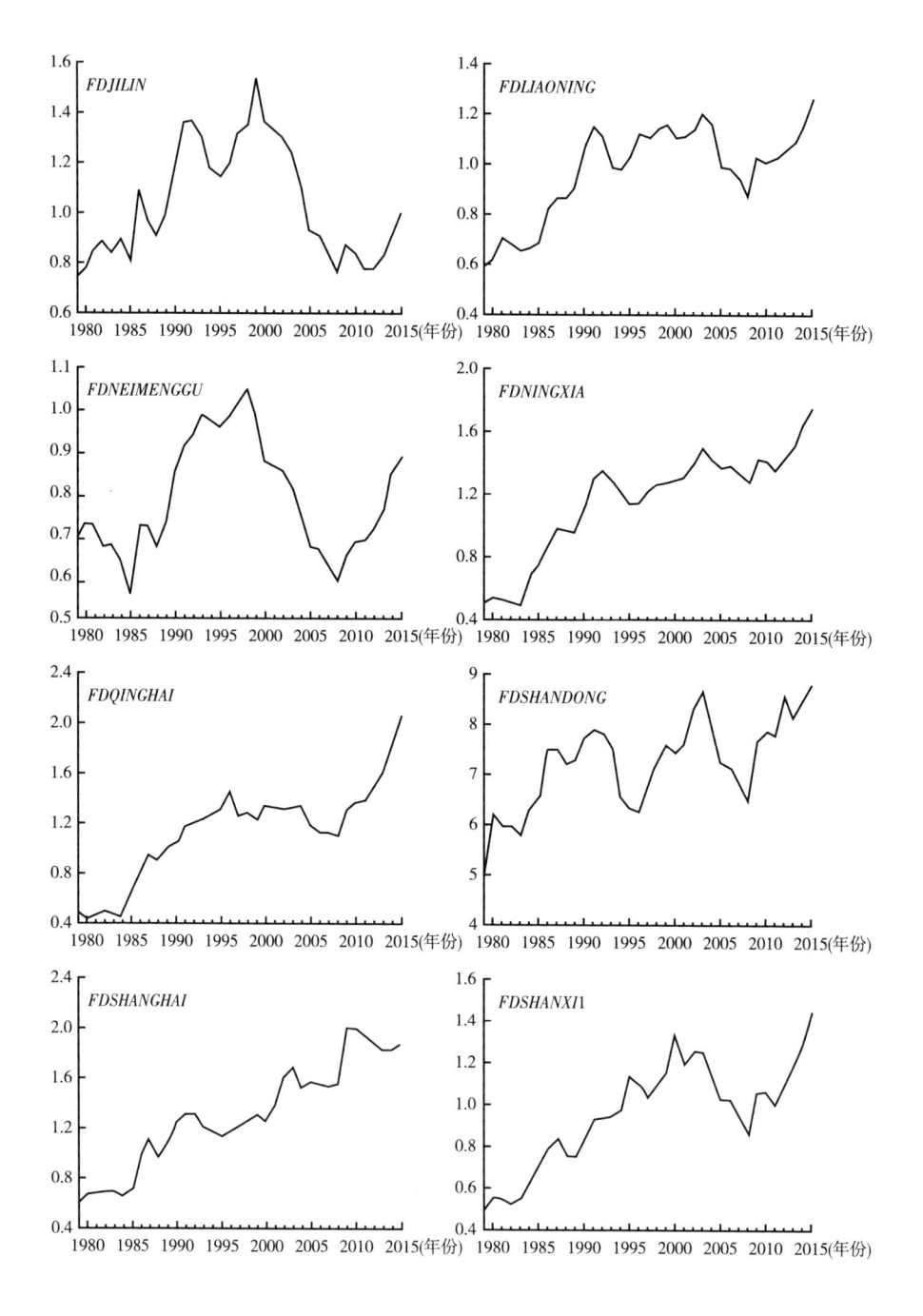

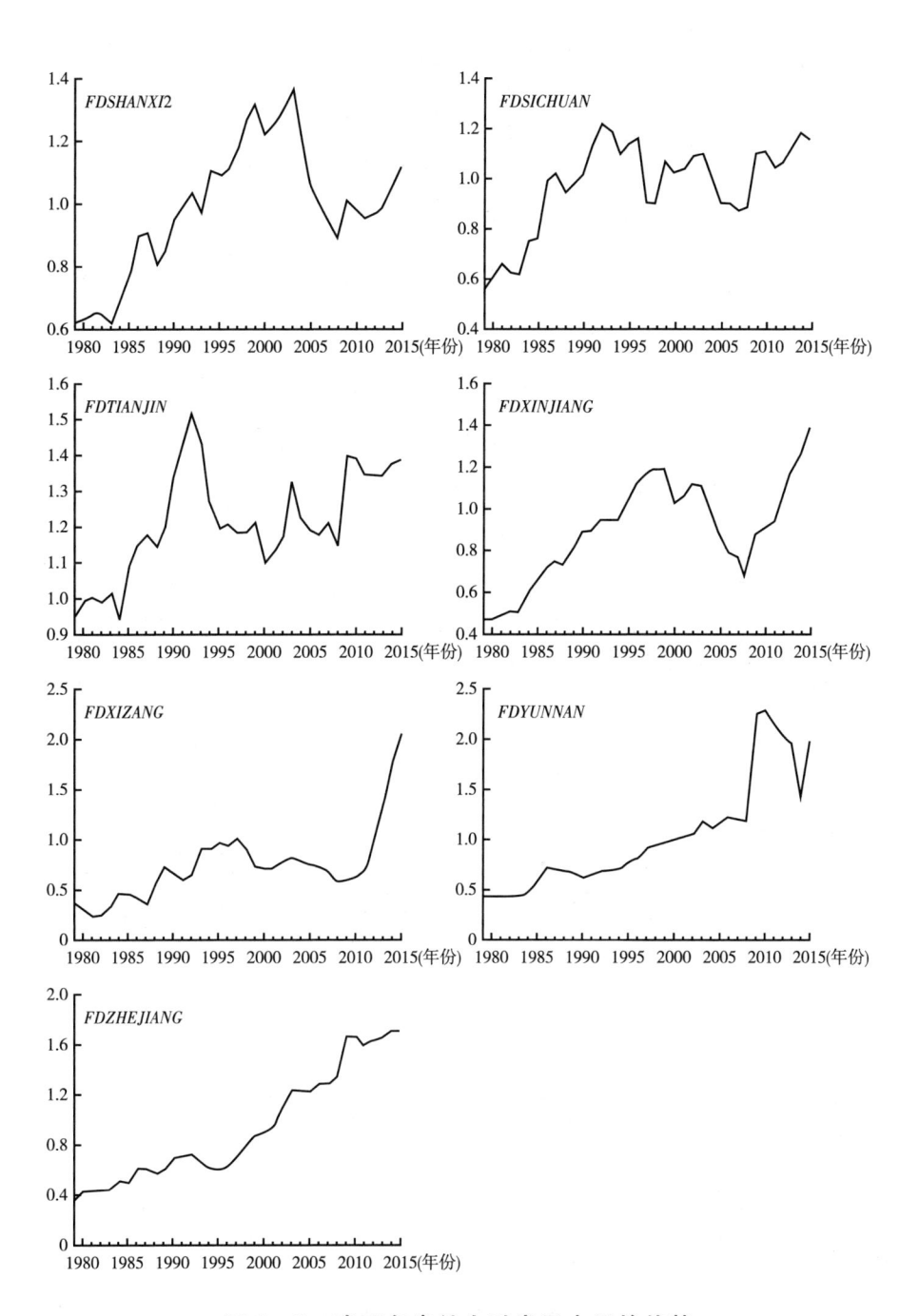

图 5-2 我国各省份金融发展水平的趋势

类似地，如图5-2所示，自1979年以来，我国各个省份的金融发展水平都有不同程度的提高，整体呈现上升趋势。其中有些省份的金融发展水平呈现指数增长，有些省份的金融发展水平呈现直线式增长，而有些省份呈现先快后慢等的变动趋势。具体地，内蒙古和吉林等省份的金融发展水平大致呈现倒"U"形等。而西部地区的青海、宁夏、西藏和贵州等省份，因为国家针对少数民族的优惠政策等因素，它们的金融发展水平快速提高。

为了比较各省份金融发展的平均水平和波动情形，以下计算各省份金融发展水平的均值和标准差，如表5-2所示。

表5-2 我国各省份金融发展水平的描述统计结果

指标	安徽	北京	重庆	福建	甘肃	广东	广西	贵州
均值	0.76	1.45	0.98	0.75	1.00	0.92	0.76	0.90
标准差	0.17	0.55	0.29	0.18	0.30	0.18	0.13	0.31

指标	海南	河北	黑龙江	河南	湖北	湖南	江苏	江西
均值	1.12	0.65	0.85	0.73	0.86	0.67	0.75	0.79
标准差	0.39	0.11	0.17	0.12	0.12	0.11	0.18	0.15

指标	吉林	辽宁	内蒙古	宁夏	青海	山东	上海	山西
均值	1.03	0.98	0.78	1.16	1.12	0.72	1.30	0.95
标准差	0.23	0.19	0.14	0.34	0.39	0.09	0.42	0.25

指标	陕西	四川	天津	新疆	西藏	云南	浙江	
均值	0.98	0.98	1.21	0.89	0.71	1.01	0.93	
标准差	0.21	0.18	0.15	0.24	0.38	0.56	0.45	

表5-2给出了1979~2015年我国各省份金融发展水平的平均水平和围绕平均水平的波动程度，反映出不同省份的金融发展水平存在较为显著的差异性。具体表现在，金融发展水平均值的最大值为北京的1.45，金融发展水平均值的最小值为河北的0.65。金融

发展水平标准差的最大值为云南的 0.56，金融发展水平标准差的最小值为山东的 0.09。总体来看，金融发展水平均值比较高的省份包括东部地区的北京、上海、天津和海南等，西部地区的宁夏、青海、云南和甘肃等。东部地区的金融发展水平高是因为它们的经济发展水平整体较高，和它们相对应的金融市场的发展水平也就随之增高。而西部地区的金融发展水平较高包括两个方面的原因。一方面，是国家实施的西部大开发战略和对西部少数民族的优惠政策等，给这些地区的金融发展水平带来了正向的推力。另一方面，西部地区的经济总量较小，同样是金融机构贷款余额的增加，但是它在经济总量中的占比会提高得更快。总之，各个省份的金融发展水平存在较大的区别，因此，只是针对全国金融发展对就业的影响进行研究，会掩盖了省份之间的差异性。

接着，给出我国各个省份金融发展水平和就业水平的散点图（见图 5-3）。

由图 5-3 可知，从整体上来看，我国各省份的就业水平都是随着金融发展水平的提高而提高的。但是，具体来看存在以下的差异性。

第一，金融发展水平和就业水平的关系，不一定是线性正相关关系。比如，浙江、安徽、甘肃和宁夏等省份的金融发展水平和就业水平的线性正相关关系明显。但是，北京、重庆、广东、海南、吉林和内蒙古等省份，虽然金融发展水平和就业水平有正相关关系，但是也不能直观地用线性正相关关系来表示。这是因为在研究就业影响因素时，本书除了金融发展水平外，还选了其他的控制变量，以便能更好地测度金融发展水平对就业的影响关系。

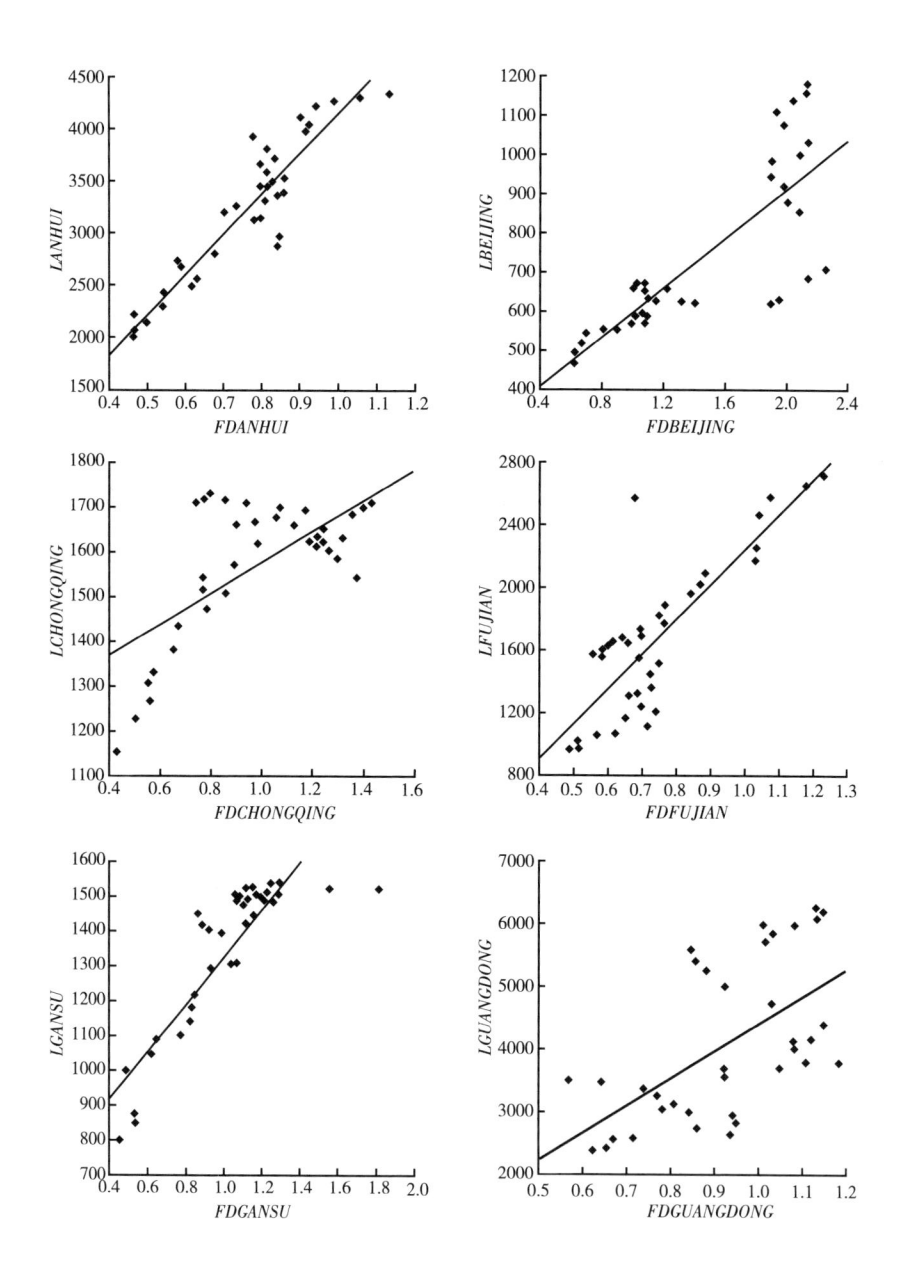

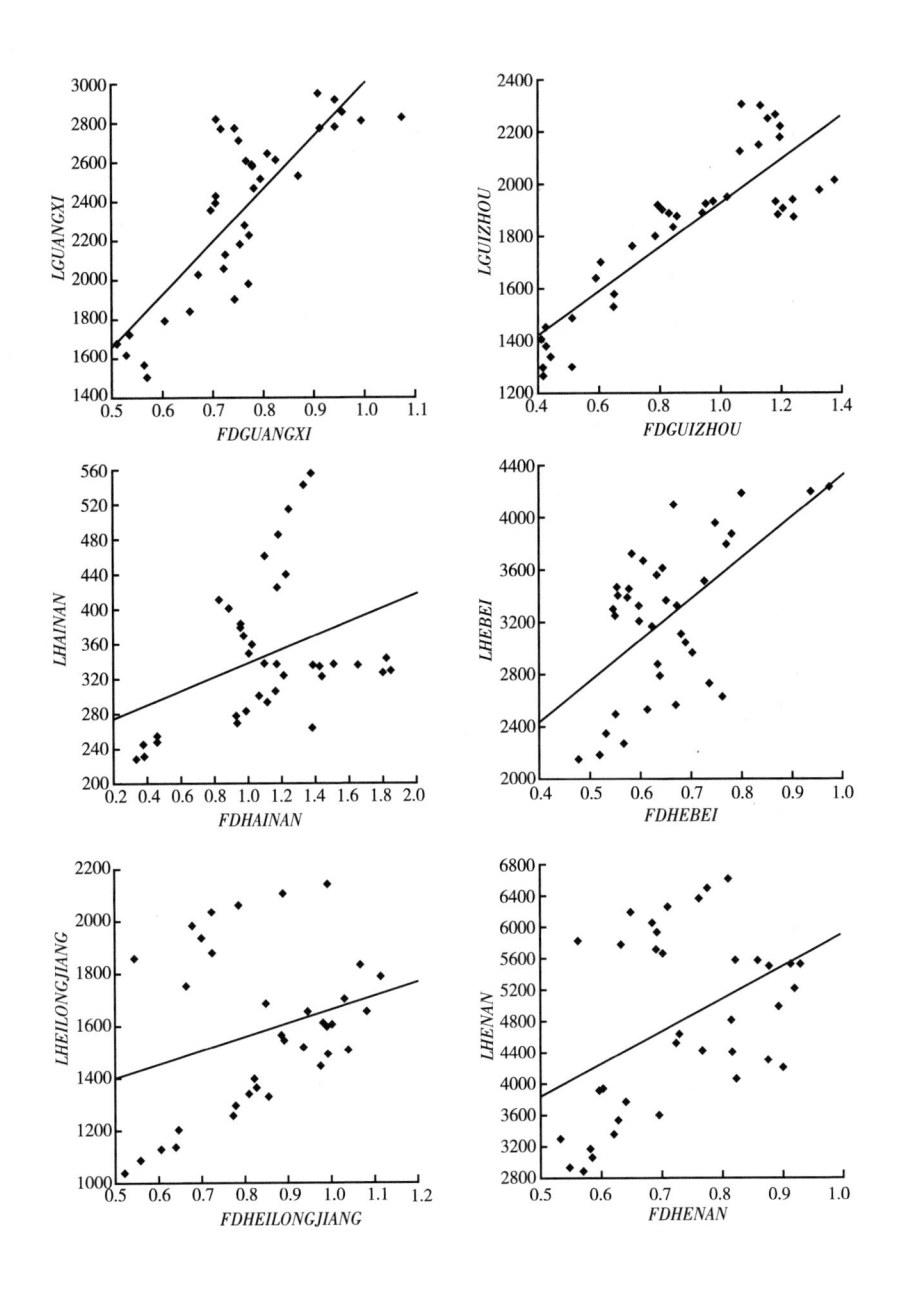

第 5 章 我国金融发展对就业影响的地区差异性分析

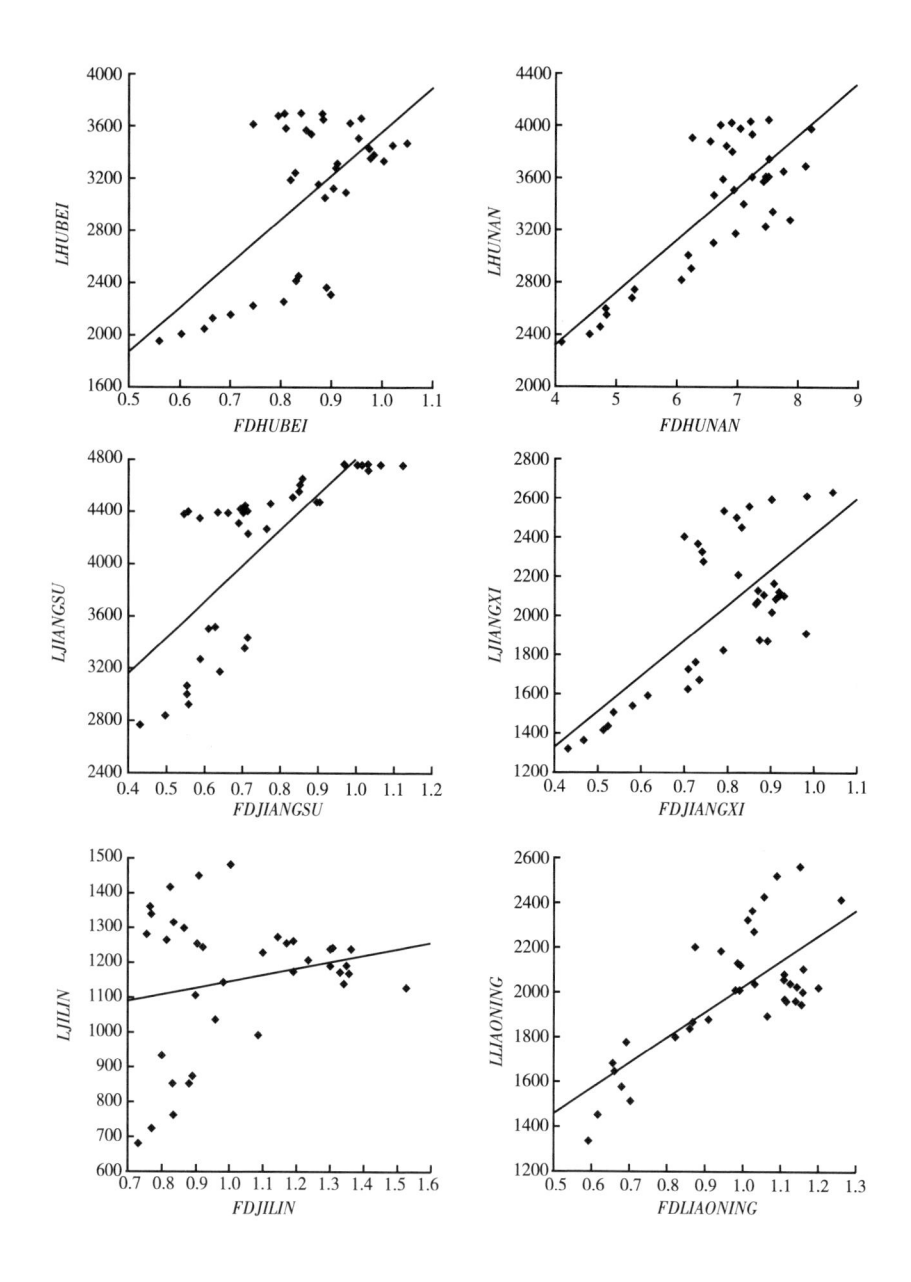

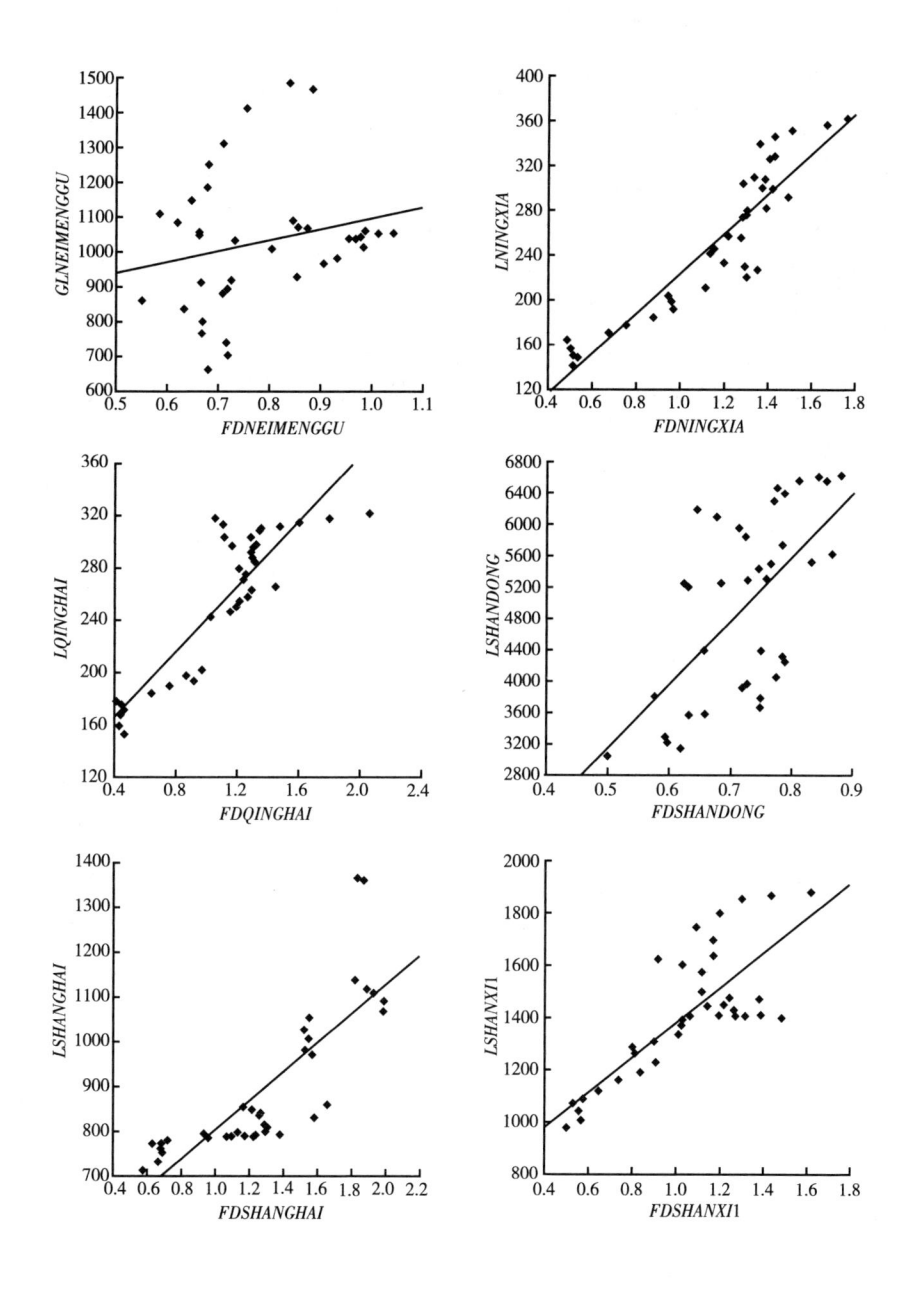

第 5 章 我国金融发展对就业影响的地区差异性分析

金融发展促进就业研究

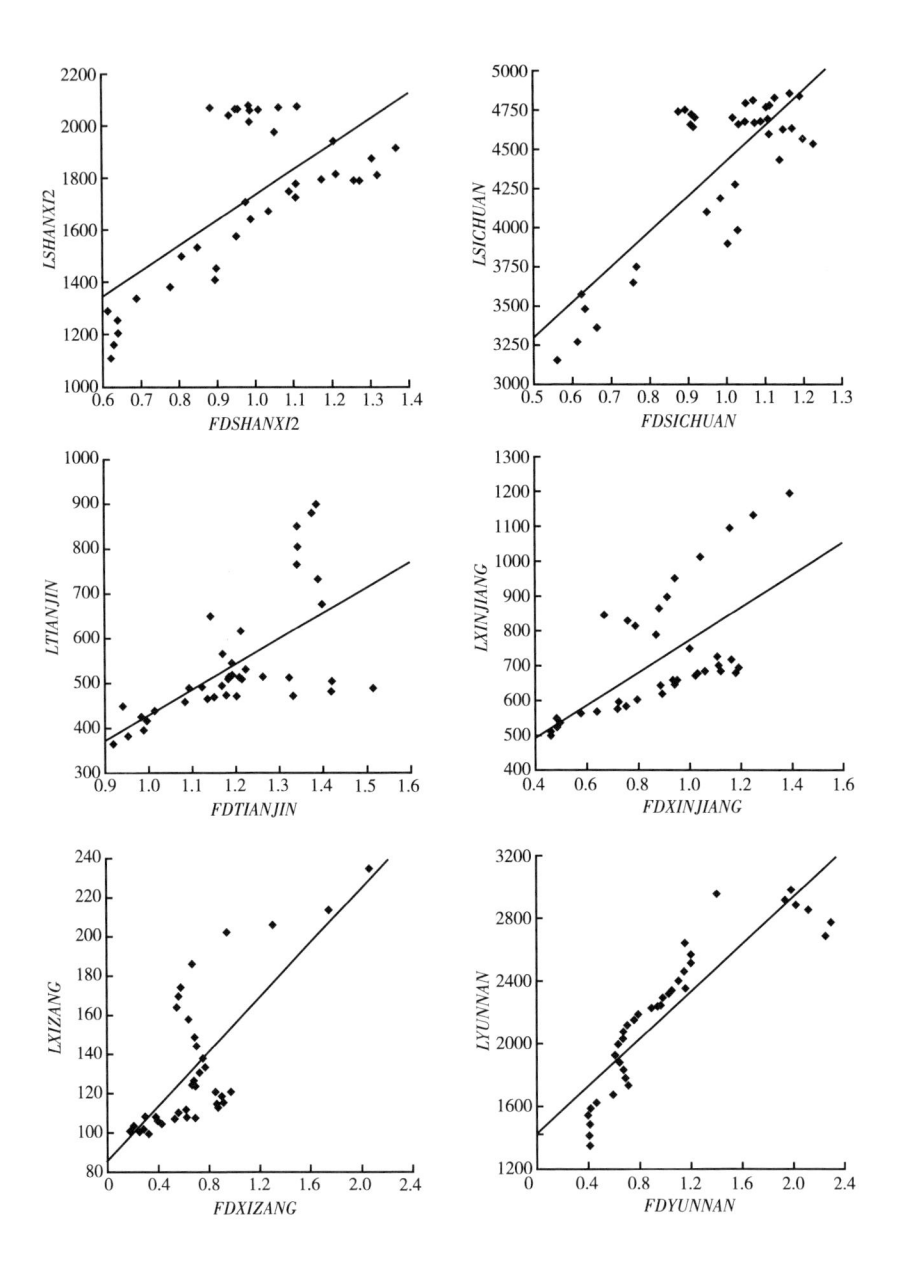

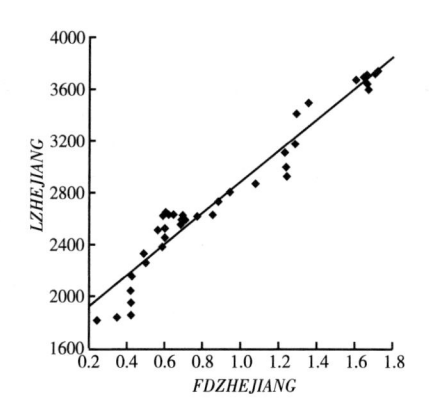

图 5-3　各省份金融发展水平和就业水平的散点图

第二，虽然金融发展水平和就业水平有正向的影响关系，但是影响程度存在明显的差异。主要体现在拟合直线斜率的差异上，针对金融发展水平的一单位变动，如果斜率比较大，则就业水平提高的幅度比较大。如果斜率比较小，则就业水平提高的幅度比较小。比如，甘肃、广西、宁夏和安徽等省份，对应的金融发展水平和就业水平的斜率比较大，即这些省份金融发展对就业的影响程度更大。而内蒙古、吉林、海南和新疆等省份，对应的金融发展水平和就业水平的斜率比较小，即这些省份金融发展对就业的影响程度也比较小。

进一步，计算各省份金融发展水平和就业水平的相关系数，计算结果如表5-3所示。

由表5-3可知，1979~2015年，虽然我国各省份金融发展水平和就业水平之间的线性相关系数均为正值，但是相关程度存在明显的差异性。浙江的相关系数最大，为0.97，其次是安徽为0.94，宁夏为0.92。相关系数比较小的有：吉林和内蒙古均为0.23，黑龙江为0.29，海南为0.36。因此，为了更有针对性地分析金融发展水平对就业水平的影响，有必要对不同省份进行差异化的分析。

表 5-3 各省份金融发展水平和就业水平的线性相关系数

	安徽	北京	重庆	福建	甘肃	广东	广西	贵州
相关系数	0.94	0.81	0.66	0.83	0.87	0.62	0.82	0.87
	海南	河北	黑龙江	河南	湖北	湖南	江苏	江西
相关系数	0.36	0.59	0.29	0.44	0.55	0.79	0.75	0.72
	吉林	辽宁	内蒙古	宁夏	青海	山东	上海	山西
相关系数	0.23	0.74	0.23	0.92	0.88	0.63	0.82	0.79
	陕西	四川	天津	新疆	西藏	云南	浙江	
相关系数	0.68	0.81	0.61	0.65	0.73	0.89	0.97	

5.2 我国各省份金融发展对就业影响的分析

5.2.1 单位根检验

针对面板数据,是否假定各个截面具有相同的单位根,按照两类检验,分别对本书选取的金融发展水平和就业水平对应的面板数据进行检验,结果如表 5-4 所示。

表 5-4 相关变量的单位根检验结果

(1) 金融发展水平

Method	Statistic	Prob	Cross-sections	Obs
Null:Unit root(assumes common unit root process)				
Levin, Lin & Chu t	-18.67	0.00	31	1066
Null:Unit root(assumes individual unit root process)				
Im, Pesaran and Shin W-stat	-1.97	0.02	31	1074
ADF - Fisher Chi-square	84.42	0.03	31	1074
PP - Fisher Chi-square	48.52	0.89	31	1116

(2) 一阶差分的金融发展

Method	Statistic	Prob	Cross-sections	Obs
Null:Unit root(assumes common unit root process)					
Levin,Lin & Chu t	-8.61	0.00	31	1066
Null:Unit root(assumes individual unit root process)					
Im,Pesaran and Shin W-stat	-18.60	0.00	31	1066
ADF - Fisher Chi-square	407.24	0.00	31	1066
PP - Fisher Chi-square	567.67	0.00	31	1085

(3) 就业水平

Method	Statistic	Prob	Cross-sections	Obs
Null:Unit root(assumes common unit root process)					
Levin,Lin & Chu t	4.28	1.00	31	1079
Null:Unit root(assumes individual unit root process)					
Im,Pesaran and Shin W-stat	6.28	1.00	31	1079
ADF - Fisher Chi-square	50.86	0.84	31	1079
PP - Fisher Chi-square	33.70	0.99	31	1116

(4) 一阶差分的就业水平

Method	Statistic	Prob	Cross-sections	Obs
Null:Unit root(assumes common unit root process)					
Levin,Lin & Chu t	-15.27	0.00	31	1064
Null:Unit root(assumes individual unit root process)					
Im,Pesaran and Shin W-stat	-15.81	0.00	31	1064
ADF - Fisher Chi-square	422.87	0.00	31	1064
PP - Fisher Chi-square	559.95	0.00	31	1085

由表5-4可知，在5%的检验显著性水平下，对金融发展水平和就业水平的数据而言，由原变量的单位根检验的第一类检验和第二类检验可知，它们均为非平稳。但是它们对应的一阶差分变量均是平稳的。类似地，可得控制变量也均为一阶单整。针对同阶单整变量，本书通过Johansen Fisher的面板协整检验可知，它们之间

存在协整关系。因此，以下首先分析金融发展水平和就业水平的长期关系，然后再分析金融发展水平和就业水平变动的短期关系。

本书首先基于面板数据，从整体来研究我国金融发展水平和就业水平的关系，即假定面板数据模型的斜率项不变。

5.2.2 长期关系模型的设定

利用以上的面板数据，首先估计对应的混合模型和固定效应模型，然后由LR检验确定选择哪个模型。如果选择了混合模型，则混合模型为最佳模型；否则，再通过Hausman检验，确定是选择随机还是固定效应模型。

（一）混合模型的构建

首先，假定各个省份之间不存在差异，所估计的混合模型结果如表5-5所示。

表5-5 混合模型检验结果

变量	系数	标准差	t统计量	P值
C	2479.373	122.9068	20.17280	0.0000
FD	-801.4183	128.8050	-6.221950	0.0000
EDU	-3.147297	0.504133	-6.242987	0.0000
URB	2.535217	2.465264	1.028376	0.3040
K	0.151890	0.006777	22.41380	0.0000

R-squared	0.342514	Mean dependent var	2051.875
Adjusted R-squared	0.340211	S.D. dependent var	1479.298
S.E. of regression	1201.595	Akaike info criterion	17.02504
Sum squared resid	1.65E+09	Schwarz criterion	17.04703
Log likelihood	-9758.858	Hannan-Quinn criterion	17.03334
F-statistic	148.7301	Durbin-Watson stat	0.019873
Prob(F-statistic)	0.000000		

由表 5-5 可知，一方面，从整体来看，金融发展水平、教育水平和全社会总投资额联合起来对就业的影响效果不是很好。虽然整体的 F 检验对应的 P 值为 0.00，但是它们对应的修正可决系数 $\bar{R}^2$ 为 0.34。另一方面，从单个变量来看，虽然我国金融发展对就业影响的显著性 t 检验对应的 P 值为 0.00，但是，它们之间的影响关系为负，这和本书的理论结论及现实是不一致的。因此，单从数据的角度，只是建立混合模型，忽略了我国各个省份的差异性，有必要展开进一步的分析。

（二）固定效应模型的构建

考虑到各省份之间可能存在差异性，有必要进一步假定个体之间存在截距上的差异，估计出模型结果如表 5-6 所示。

表 5-6 固定效应模型检验结果

变量	系数	标准差	t统计量	P 值
C	1307.923	45.75302	28.58660	0.0000
FD	290.0521	44.01788	6.589416	0.0000
URB	8.121852	1.122943	7.232648	0.0000
K	0.047286	0.002106	22.45619	0.0000
固定效应模型（截距项）				
BEIJING - - C	-1688.196			
TIANJIN - - C	-1711.525			
HEBEI - - C	1262.178			
SHANXI1 - - C	-563.3450			
NEIMENGGU - - C	-1005.345			
LIAONING - - C	-219.9394			
JILIN - - C	-907.2552			
HEILONGJIANG - - C	-486.8195			
SHANGHAI - - C	-1497.782			

续表

变量	系数	标准差	t 统计量	P 值
JIANGSU‐‐C	1870.746			
ZHEJIANG‐‐C	556.3228			
ANHUI‐‐C	1290.141			
FUJIAN‐‐C	-354.8486			
JIANGXI‐‐C	113.3161			
SHANDONG‐‐C	2455.550			
HENAN‐‐C	2819.673			
HUBEI‐‐C	1033.292			
HUNAN‐‐C	1485.507			
GUANGDONG‐‐C	1837.398			
GUANGXI‐‐C	329.7628			
HAINAN‐‐C	-1535.317			
CHONGQING‐‐C	-431.1248			
SICHUAN‐‐C	2415.217			
GUIZHOU‐‐C	-200.9054			
YUNNAN‐‐C	219.2246			
XIZANG‐‐C	-1561.561			
SHANXI2‐‐C	-351.8170			
GANSU‐‐C	-546.3813			
QINGHAI‐‐C	-1688.739			
NINGXIA‐‐C	-1679.849			
XINJIANG‐‐C	-1257.578			

一方面，从整体来看，固定效应模型的修正可决系数为0.94，远远高于混合模型的0.34，则该固定效应模型能更好地反映我国金融发展对就业影响的关系；另一方面，从单个变量来看，我国金融发展对就业存在显著的正向影响关系，系数为290.05，t 检验对应的 P 值为0.00。这也与理论分析结论一致。进一步，由固定效应模型可知，我国31个省份的截距项有很大的差异，其

值有正有负,而且绝对值也相差很大。这也凸显了我国各个省份的差异性。

用固定效应模型的似然比检验来确定最终的模型。似然比检验的原假设为:混合模型成立。检验结果如表5-7所示。

表5-7 似然比检验结果

Effects Test	Statistic	d. f.	Prob
Cross-section F	2.61	-28956	0.00
Cross-section Chi-square	72.73	28	0.00

由表5-7可知,似然比检验对应的P值为0.00。因此,以上两个模型相比而言,应该选择固定效应模型。

(三)随机效应模型的构建

通过Hausman检验确定最终要选择的模型。首先,估计随机效应模型结果如表5-8所示。

表5-8 随机效应模型检验结果

变量	系数	标准差	t统计量	P值
C	1351.560	113.3073	11.92827	0.0000
FD	259.4388	45.26819	5.731151	0.0000
EDU	0.157927	0.214995	0.734562	0.4628
URB	7.374611	1.179069	6.254606	0.0000
K	0.047649	0.002628	18.13312	0.0000
随机效应模型(截距项)				
BEIJING--C	-1682.279			
TIANJIN--C	-1681.477			
HEBEI--C	1235.755			
SHANXI1--C	-558.3893			
NEIMENGGU--C	-993.2388			

续表

变量	系数	标准差	t统计量	P值
LIAONING--C	-212.6361			
JILIN--C	-898.0126			
HEILONGJIANG--C	-478.4571			
SHANGHAI--C	-1454.305			
JIANGSU--C	1843.289			
ZHEJIANG--C	561.1932			
ANHUI--C	1265.286			
FUJIAN--C	-356.9992			
JIANGXI--C	102.2209			
SHANDONG--C	2448.689			
HENAN--C	2775.885			
HUBEI--C	1015.627			
HUNAN--C	1456.502			
GUANGDONG--C	1821.963			
GUANGXI--C	331.0920			
HAINAN--C	-1517.957			
CHONGQING--C	-425.0803			
SICHUAN--C	2380.656			
GUIZHOU--C	-193.4337			
YUNNAN--C	222.0521			
XIZANG--C	-1557.898			
SHANXI2--C	-348.1752			
GANSU--C	-544.1788			
QINGHAI--C	-1661.507			
NINGXIA--C	-1656.417			
XINJIANG--C	-1239.770			

由表5-8对应的随机效应模型可知，我国金融发展水平对就业水平存在显著的正向影响关系，对应的系数为259.44，t检验对应的P值为0.00。进而，由Hausman检验来确定是构建随机效应模型还是固定效应模型。对应的检验结果如表5-9所示。

第 5 章　我国金融发展对就业影响的地区差异性分析

表 5-9　Hausman 检验结果

	Chi-Sq. Statistic	Chi-Sq. d. f.	Prob
Cross-section random	24.78	4	0.00

由表 5-9 可知，Hausman 检验对应的 P 值为 0.00，则拒绝原假设接受备择假设，即选择固定效应模型。综上所述，通过以上三个模型的构建及其检验结果可知，从整体来研究我国金融发展和就业的关系时，需构建的模型应为固定效应模型。因此，对整体而言，我国金融发展和就业存在显著的长期正相关关系。

5.2.3　我国金融发展对就业短期影响的分析

为了更好地反映短期内金融发展和就业变动的关系，本书构建了基于混合模型的误差修正模型，检验结果如表 5-10 所示。

表 5-10　误差修正模型

变量	系数	标准差	t 统计量	P 值
C	0.15	0.11	1.37	0.17
RESID(-1)	-1.06	0.057496	-18.42	0.00
DFD	0.54	0.05	11.24885	0.00
DURB	-0.54	0.19	-2.83	0.00
DK	0.78	0.15	5.29	0.00

由表 5-10 可知，第一，误差修正项的系数为 -1.06，且 t 检验对应的 P 值为 0.00。这证实了该模型中长期非均衡误差对就业水平短期变动具有有效调控作用。第二，金融发展水平变动量的系数为 0.54，t 检验对应的 P 值为 0.00。因此，金融发展水平的变动对就业水平的变动存在显著的正向影响关系。

5.3 我国东、中、西部金融发展对就业影响的差异性分析

为了考察金融发展对就业影响的区域差异性,本章将所选取的31个省份按照东、中、西部三个区域进行划分,分析我国不同区域的金融发展对就业影响关系的差异性。首先给出三个区域就业水平和金融发展水平的均值和标准差,如表5-11所示。

表5-11 三个区域就业水平和金融发展水平的描述统计

指标	东部地区	中部地区	西部地区
就业水平的均值	2702.47	2779.87	1470.16
就业水平的标准差	1673.12	1310.96	1169.57
金融发展水平的均值	0.98	0.82	0.94
金融发展水平的标准差	0.39	0.20	0.73

由表5-11可知,从总量就业来看,我国中部地区的就业量最大,而西部地区的就业量最小;从金融发展水平来看,东部地区的金融发展水平最高,西部地区次之,但是它的标准差很大。这主要体现在,近年来国家的西部大开发和重点扶持民族地区等政策的实施,使得一些省份的金融发展水平很高,但整体比较落后。因此,我国三个区域金融发展水平基本符合东部最高、西部较低的现状。

5.3.1 东部地区金融发展对就业的影响分析

类似于上述建模步骤,基于东部地区的面板数据,经检验本书最终构建了固定效应模型,如表5-12所示。

第 5 章　我国金融发展对就业影响的地区差异性分析

表 5-12　东部地区所构建的面板模型检验结果

变量	系数	标准差	统计量	P 值
C	1781.190	76.85024	23.17742	0.0000
FD	277.7737	80.06796	3.469224	0.0006
K	0.056864	0.003198	17.78152	0.0000
固定效应模型(截距项)				
BEIJING--C	-1562.037			
TIANJIN--C	-1693.249			
HEBEI--C	979.6395			
LIAONING--C	-334.9985			
SHANGHAI--C	-1370.249			
JIANGSU--C	1644.666			
ZHEJIANG--C	468.4434			
FUJIAN--C	-511.6500			
SHANDONG--C	2503.499			
GUANGDONG--C	1650.786			
HAINAN--C	-1774.850			

在 5% 的检验显著性水平下，就我国东部地区的金融发展水平对就业水平的影响关系而言，一方面，从整体来看，固定效应模型修正的可决系数 $\bar{R}^2$ 为 0.94，对于整体性的 F 检验，对应的统计量为 460.10，对应的 P 值为 0.00。所以，我国东部区域金融发展水平和控制变量联合在一起，对就业水平存在显著的影响关系。另一方面，从单个变量来看，如表 5-12 所示，在金融发展水平对应的显著性 t 检验中，t 统计量为 3.47，对应的 P 值为 0.00，则该模型中金融发展水平对就业存在显著的影响，经济含义解释为：在其他变量保持不变的情况下，金融发展水平每提高一个单位，平均而言，就业水平将提高 277.77。这与本书的理论结论是一致的。另外，在各省份固定资产投资的显著性 t 检验中，t 统计量为

17.78，对应的 P 值为 0.00，则该模型中固定资产投资对就业存在显著的影响，经济含义解释为：在其他变量保持不变的情况下，固定资产投资每提高一个单位，平均而言，就业水平将提高0.06。

5.3.2 中部地区金融发展对就业的影响分析

类似于上述建模步骤，基于中部地区的面板数据，经检验本书最终构建了固定效应模型，模型如表 5-13 所示。

表 5-13 中部地区所构建的面板模型检验结果

变量	系数	标准差	t 统计量	P 值
C	758.9921	95.75326	7.926540	0.0000
FD	322.7512	125.1968	2.577952	0.0104
URB	45.92810	2.101966	21.85007	0.0000
固定效应模型（截距项）				
SHANXI1--C	-1242.725			
JILIN--C	-1846.188			
HEILONGJIANG--C	-1760.806			
ANHUI--C	971.8387			
JIANGXI--C	-354.7602			
HENAN--C	2694.541			
HUBEI--C	411.2795			
HUNAN--C	1126.821			

在 5% 的显著性检验水平下，就我国中部地区的金融发展水平对就业水平的影响关系而言，一方面，从整体来看，固定效应模型修正的可决系数 $\bar{R}^2$ 为 0.96，相应的整体性 F 检验对应的统计量值为 916.68，对应的 P 值为 0.00。所以，我国中部区域金融发展水

平和控制变量联合起来，对就业水平存在显著的影响关系。另一方面，从单个变量来看，如表5-13所示，在金融发展水平对应的显著性t检验中，t统计量为2.58，对应的P值为0.01，则该模型中金融发展水平对就业水平存在显著的影响，经济含义解释为：在其他变量保持不变的情况下，金融发展水平每提高一个单位，平均来说就业水平将提高322.75。这与本书的理论结论是一致的。另外，在城镇化率的显著性t检验中，t统计量为21.85，对应的P值为0.00。则该模型中城镇化水平对就业水平存在显著的影响，经济含义解释为：在其他变量保持不变的情况下，城镇化水平每提高一个单位，平均来说就业水平将提高45.93。

5.3.3 西部地区金融发展对就业的影响分析

类似于上述建模步骤，基于西部地区的面板数据，经检验本书最终构建了固定效应模型，模型如表5-14所示。

在5%的显著性检验水平下，就我国西部地区的金融发展水平对就业水平的影响关系而言，一方面，从整体来看，固定效应模型修正的可决系数$\bar{R}^2$为0.97，相应的整体性F检验对应的统计量值为975.80，对应的P值为0.00。所以，我国西部地区金融发展水平和控制变量联合起来，对就业水平存在显著的影响关系。另一方面，从单个变量来看，如表5-14所示，在金融发展水平对应的显著性t检验中，t统计量为10.66，对应的P值为0.00。则该模型中金融发展水平对就业水平存在显著的影响，经济含义解释为：在其他变量保持不变的情况下，金融发展水平每提高一个单位，平均来说就业水平将提高392.74。这与本书的理论结论是一致的。另外，在各省份固定资产投资的显著性t检验中，t统计量为9.11，

表 5-14 西部地区所构建的面板模型检验结果

变量	系数	标准差	t统计量	P值
C	928.2691	37.62425	24.67209	0.0000
FD	392.7444	36.83960	10.66093	0.0000
URB	3.545698	0.962922	3.682227	0.0003
K	0.026574	0.002916	9.114628	0.0000
固定效应模型(截距项)				
NEIMENGGU--C	-446.1294			
GUANGXI--C	890.6491			
CHONGQING--C	62.92562			
SICHUAN--C	2872.539			
GUIZHOU--C	288.8387			
YUNNAN--C	689.5023			
XIZANG--C	-1154.073			
SHANXI2--C	179.9305			
GANSU--C	-125.3994			
QINGHAI--C	-1251.225			
NINGXIA--C	-1260.743			
XINJIANG--C	-746.8156			

对应的 P 值为 0.00。则该模型中固定资产投资对就业存在显著的影响,经济含义解释为:在其他变量保持不变的情况下,固定资产投资每提高一个单位,平均来说就业水平将提高 0.03。在城镇化水平的显著性 t 检验中,t 统计量为 3.68,对应的 P 值为 0.00。则该模型中城镇化水平对就业存在显著的影响,经济含义解释为:在其他变量保持不变的情况下,城镇化水平每提高一个单位,平均来说就业水平将提高 3.55。

综上所述,一方面,对我国东部、中部和西部地区而言,金融发展水平对就业水平都有显著的正向影响关系。另一方面，我国东部、中部和西部地区金融发展水平对就业水平的促进作用，存在显著的差异。比如，同样一单位的金融发展水平的变动，对就业水平的影响程度却是不同的。相对而言，西部经济落后区域的就业增加程度最大，中部区域次之，东部经济发达区域的就业增加程度最小。可能的经济解释为，西部地区经济总量小，就业率相对比较低，金融市场发达程度相对较低。随着国家西部大开发战略和西部民族地区倾斜政策的实施，金融发展水平得到了显著的提升。从而，就相对量来说，金融发展水平的提高对就业水平的影响程度更大。

5.4 本章小结

本章基于1979～2015年我国31个省份的省级层面的面板数据，首先，分析了我国各省份金融发展水平和就业水平的变动趋势，进而，详细测度了我国各省份金融发展水平和就业水平的相关关系。其次，针对全国31个省份构建面板模型，分析了金融发展水平对就业水平的影响关系。最后，将我国31个省份划分为东部、中部和西部三个区域，分别针对这三个区域构建了面板模型，测度了金融发展水平对就业水平影响的异同。实证结果表明以下结论。

第一，自1979年以来，我国各省份的就业水平都有很大的提高，整体呈现上升趋势。虽然2008年的全球金融危机对我国就业水平有一定的影响，但是波动有限。具体来说，有些省份的就业水平呈现指数增长，有些省份的就业水平呈现直线式增长，而有些省份呈现了先快后慢等一些具有个体特征的变动趋势。比如，北京、甘肃和贵州等一些省份，在一些年份甚至出现了就业水平下降的现象。同时，也反映了以上31个省份的就业水平存在较为明显的差异。比如，就业水平均值较大的河南和四川，但它们相比而言，河南就业水平的波动为1142.97，远大于四川的波动511.69，即如果只是针对全国的就业水平，考察金融发展水平对其的影响，会掩盖各省份之间就业程度的差异性。

第二，我国各省份的金融发展水平都有不同程度的提高，整体呈现上升趋势。其中有些省份的金融发展水平呈现指数增长，有些省份的金融发展水平呈现直线式增长，而有些省份则呈现了先快后慢等的变动趋势。具体地，内蒙古和吉林等省份的金融发展水平大致呈现倒"U"形等。而西部的青海、宁夏、西藏和贵州等省份，由于国家针对少数民族的优惠政策等因素，其金融发展水平快速提高。金融发展水平均值最大值为北京的1.45，金融发展水平均值最小值为河北的0.65。金融发展水平的标准差最大值为云南的0.56，金融发展水平的标准差最小值为山东的0.09。总体来看，金融发展水平均值比较高的包括东部的北京、上海、天津和海南等地，西部的宁夏、青海、云南和甘肃等地。东部的金融发展水平高是因为它们的经济发展水平整体较高，与其相对应的金融市场的发展水平也就随之提高。而西部地区金融发展水平较高包括两个方面的原因。一方面，是国家实施的西部大开发战略和西部少数民族的优惠政策等，给这些地区的金融发展带来了正向的推力。另一方面，西部地区的经济总量较小，同样是金融机构贷款余额的增加，但是它在经济总量中的占比会提高得更快。因此，只是针对全国金融发展对就业的影响进行研究，会掩盖各省份之间的差异性，问题的研究也就缺少针对性。

第三，从整体上来说，我国各省份的就业水平都是随着金融发展水平的提高而提高的。但是，具体来看存在一些差异性。一方面，金融发展水平和就业水平的关系，不一定是线性正相关关系。另一方面，虽然金融发展水平对就业水平有正的影响关系，但是影响程度存在明显的差异。主要体现在拟合直线斜率的差异方面，针对金融发展水平的一单位变动，如果斜率比较大，则就业水平提高的幅度比较大；如果斜率比较小，则就业水平提高的幅度比较小。

第四，由各省份所构建的固定效应面板模型可知，整体而言，我国金融发展水平和就业水平存在显著的长期正相关关系。进一步由短期误差修正模型可知，长期非均衡误差对就业水平短期变动具有有效调控作用。金融发展水平变动对就业水平变动存在显著的正向影响关系。

第五，针对我国东部、中部和西部区域构建的面板模型可知，一方面，对我国东部、中部和西部区域而言，金融发展水平对就业水平都有显著的正向影响关系。另一方面，我国东部、中部和西部区域金融发展水平对就业水平的促进作用，存在显著的差异。比如，同样一单位的金融发展水平的变动，对就业水平的影响程度是不同的。相对而言，西部经济落后区域的就业增加程度最大，中部区域次之，东部经济发达区域的就业增加程度最小。可能的经济解释为，西部省份经济总量小，就业率相对比较低，金融市场发达程度相对较低。随着国家西部大开发战略和西部民族地区倾斜政策的实施，金融发展水平得到了显著的提升。从而，从相对量来说，金融发展水平的提高对就业水平的影响程度更大。

综上所述，我国不同地区的金融发展对就业的影响关系存在显著的差异性，进而给出相关的政策建议如下。

第一,因为我国金融发展能有效地促进就业,所以,政府要进一步发展和规范现代化的金融市场,鼓励企业创造更多的就业岗位,有效提高我国的整体就业水平。比如,政府实施的就业金融扶持政策是非常有效的。

第二,因为我国不同地区的金融发展对就业的影响关系存在显著的差异性,所以,我国政府在实施通过金融扶持等政策促进就业的同时,需要关注我国东部、中部、西部地区的金融发展和就业关系的差异性,这样才能更有效地实现促进就业的目标。比如,已有的西部大开发战略、西部民族地区的优惠政策和正在实施的"丝绸之路经济带"倡议等对西部金融发展和就业都起到非常积极的作用。

第6章 我国金融发展对不同所有制企业就业影响的差异性分析

改革开放初期,我国国有企业解决了大量的劳动力就业问题。随着私营企业的不断壮大,它们逐步成为容纳就业的主体。尤其是,国有制造业企业正在逐步退出,仅剩一部分技术先进、竞争力强的制造业。而私营制造业企业的就业人数逐年上升。为了从企业层面测度金融发展对就业的影响。本章针对国有制造业和私营制造业企业,验证第1章的数理模型结论,如随着企业融资约束的缓解,就业水平也是不断提高的。

沈红波等(2010)利用我国上市公司的数据为研究样本,采用宏观区域金融发展指标,得出的结论为金融发展对企业融资约束存在影响,而且金融发展能有效解决企业的融资难问题,而国有企业与民营企业在金融发展中得到的效益可能有所不同。

Benmelech 等(2017)提供了关于大公司在大萧条期间的经历分析,这对经济危机的解释具有重要的意义。信贷中介的收缩被认为对家庭和小公司影响很大,相比之下,大公司通常被认为是相对不受约束的。根据这一观点,信贷紧缩很可能通过收缩总需求而加剧经济下滑。否则,不受约束的大公司就会填补小型受约束企业所经历的任何产量下降，而危机对总产出的影响也将微乎其微。相比之下，这一文献发现金融摩擦甚至在最大的公司之间也有巨大的负面影响。因此，其研究结果表明，总量供应的收缩也可能在大萧条的严重程度甚至长期内都发挥了重要的作用。2008~2009年的美国次贷危机，使学术界和政策制定者对大萧条的研究重新燃起了兴趣。虽然这两个事件之间肯定有许多相似之处，但经济冲击的程度大不相同。对比这两个时期的美国实际国民生产总值和失业率的演变情况，经济收缩的幅度在20世纪30年代比最近的危机大一个数量级；在1929~1933年产出下降了26%，而2007~2009年仅收缩了3.3%。美国经济以相对较低的失业率进入这两场危机。然而，在次贷危机期间，失业率从未超过10%，而且在仅仅八年之后，它几乎恢复到了危机前的水平。相比之下，25%的工人在大萧条时期失业，失业率在十多年里一直保持在10%以上。20世纪30年代金融危机的真正影响更为严重。这些经济结果的差异，促使人们对两次危机中金融中介中断的重要性进行定量比较。该文献估计的就业弹性与即将到期的债务之间的对比，与Benmelech等（2011）对2008~2009年危机的相似估计的对比表明，金融摩擦对失业的影响在大萧条时期比次贷危机时期大2~5倍。虽然这一比较肯定应谨慎解释，但最近危机期间金融中断的影响较小，这可能会给金融部门对经济的长期影响提供一些见解。在21世纪前10年，政策制定者有了历史的先见之明，努力避免过去的错误，扩大货币供应，制止银行恐慌。金融摩擦对大萧条和大衰退期间失业影响的估计对比表明，监管框架和政策决定可能在减轻金融冲击对实体经济的影响方面发挥着重要作用。

Pagano和Pica（2012）在包含多个同质企业所组成的一个行

业的数理模型基础上,扩展到异质性企业的情况,以此测度岗位在不同企业重新分配的程度。

这里假定经济中有两个企业 H 和 L,除了企业 H 比企业 L 具有更高的收益能力 ($\theta_H > \theta_L$,其中 θ 是反映技术的参数)外,此论文具有相同的 C-D 生产技术。回顾第 1 章的理论分析,图 6-1 给出面临不同融资约束的企业对就业的影响。

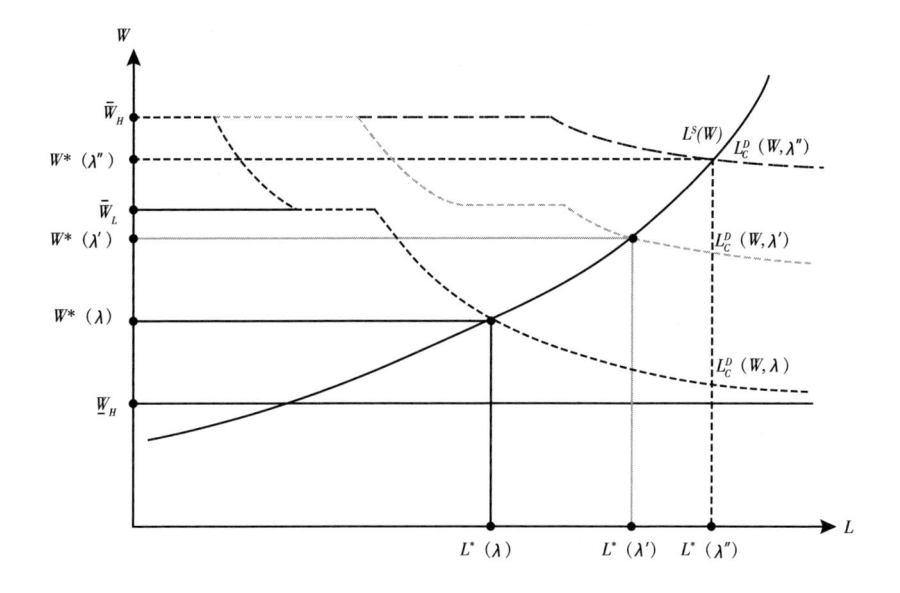

图 6-1 不同企业融资约束对就业的影响

图 6-1 显示,在两个企业情形下,当金融发展水平从 λ 增加到 λ',劳动力的需求也相应增加。但是,金融发展对强竞争力企业的收益多于弱竞争力的企业。直观地,在劳动力市场上,面对大量的金融资源,强竞争力企业容易比弱竞争力企业出更高价。因此,金融发展水平的提升将更多地增加强竞争企业的就业,而且有可能使得弱竞争企业的就业缩减。

正如图 6-1 所示,当金融发展水平从 λ 增加到 λ'' 时,会导致均衡工资的增加，最终使得弱竞争力企业消失。虽然金融发展水平 λ 的增加减少了企业 L 的就业，可同时更多地增加了企业 H 的就业，于是总的均衡就业是增加的。因此，金融发展不仅增加了总就业、劳动生产率和工资，而且导致了就业在企业间的重新分配。这种金融发展的效应和已有文献（Melitz，2003；Pica & Mora，2011）的结论是类似的。认为通过劳动力市场中公司的竞争，贸易导致资源配置趋向于更有效率的公司，而效率低的公司最终将退出市场。

进一步，假定企业基于相同的规模 $\bar{K}$，因为有不同的盈利能力，它们具有不同的融资机制：随着金融发展水平 λ 的增加，相对于弱竞争力企业，强竞争力企业可以进入无约束机制。本书分为三个区域进行对比，见表 6-1。

表 6-1　不同金融发展水平对应的融资约束

区域	金融发展水平	融资机制
区域 A	$\lambda < \dfrac{\bar{K}-A}{\bar{K}} \dfrac{1}{\phi_H(W^*)}$	所有企业都有融资约束
区域 B	$\lambda \in \left[\dfrac{\bar{K}-A}{\bar{K}} \dfrac{1}{\phi_H(W^*)}, \dfrac{\bar{K}-A}{\bar{K}} \dfrac{1}{\phi_L(W^*)}\right)$	企业 L 有融资约束 企业 H 无融资约束
区域 C	$\lambda \geq \dfrac{\bar{K}-A}{\bar{K}} \dfrac{1}{\phi_L(W^*)}$	所有企业均无融资约束

由表 6-1 可知，因为只有受融资约束的企业才受到现金冲击的影响，即在区域 A，所有的企业都有融资约束；在区域 B，只有企业 L 有融资约束；在区域 C，所有的企业都没有融资约束。因此，当金融发展水平 λ 从区域 B 到区域 C 时，企业间的再分配受现金流冲击的效应减少到零。这有助于证明，金融发展的就业再分

第6章 我国金融发展对不同所有制企业就业影响的差异性分析

配不一定是增长的,因为通过减少一部分融资约束型企业,使得强竞争力企业最终脱离对现金流冲击的依赖。

在以上分析中,劳动力假定是同质的,而且在两个企业之间是完全自由流动的。从而,融资约束的减弱或者其他经济的冲击使得劳动力再分配,出于同样的原因,单一的工资存在于整个劳动力市场。如果工人不能自由地在两个企业间流动,即因为就业能力需要特定的行业和不可逆转的人力资本投资,从而企业间工资的差异性会出现均衡状态。而且可能产生其他冲击,如果岗位保护措施增加了工人在企业间重新分配的阻力,以上现象同样可以发生。依据以上逻辑,这里的模型框架不适合于高度发展的金融体系。在实践中,更多的情形是介于二者之间,即劳动力既不是完全移动,也不是完全不移动:一些(尤其是年轻的)工人为了满足需要,可以通过再培训在企业间移动,因此金融冲击可能导致就业的再分配和工资的差异性增长。

在两个企业模型中,通过分析金融发展对两个企业影响的差异性,可得如下结论:第一,无论企业融资能力的强或者弱,随着金融发展水平的提高,都会提高各个企业的容纳就业的能力;第二,不同融资能力的企业,受融资约束越小的企业,容纳就业的能力越强。

综上所述,在已有研究的基础上,本章以第1章的数理模型结论为依据,针对我国国有制造业企业和私营制造业企业的融资约束对就业水平的影响差异性进行分析。测度随着金融发展水平的提高,对就业的容纳能力在不断增强。即随着企业融资约束的缓解,企业创造就业岗位的能力会越来越强。本章以下内容安排如下:第一部分是国有企业和私营企业的融资约束及就业的统计描述,第二部分是相关模型的设定，第三部分是我国金融发展对不同所有制企业就业的长期影响分析，第四部分是我国金融发展对不同所有制企业就业的短期影响分析，第五部分是本章小结。

6.1 国有企业和私营企业的融资约束及就业的统计描述

6.1.1 相关变量的选取

在已有文献的基础上，本书选择的被解释变量、解释变量及控制变量如下。

被解释变量：国有制造业企业就业人员数、私营制造业企业就业人员数，分别记作 L_Guoyou 和 L_Siying。

解释变量：国有制造业企业和私营制造业企业的融资约束水平，分别记作 FD_Guoyou 和 FD_Siying。借鉴已有文献，利用企业负债总额来表征企业的融资约束水平。利用了国家统计局提供的数据，国有工业企业负债总额和私营工业企业负债总额。然后，按照制造业增加值在工业企业增加值中所占的比重，换算为国有制造业企业负债总额和私营制造业企业负债总额，并将它们分别作为国有和私营制造业企业的融资约束水平。其中，制造业增加值的获得，利用了制造业增加值占 GDP 的比重（数据来自世界银行数据库）。我国制造业企业增加值代表了工业企业增加值的绝大部分信息，2000 年以来制造业增加值占工业增加值的比重几乎在 75% 以上，尤其自 2015 年以来，占到大约 90%。因此，利用制造业增加值占工业增加值的比重，把工业企业的融资约束水平转换为制造业企业的融资约束水平。

控制变量：为了更好地反映出融资约束对就业水平的影响，借鉴已有文献，本章选取的控制变量如下。

（1）国有制造业企业和私营制造业企业各自的总投资额，分别记作：K_Guoyou 和 K_Siying。

（2）反映我国整体发展水平的国内生产总值，记作 GDP。

（3）反映我国整体金融市场的发展环境的广义货币供给量，记作 $M2$。

（4）反映我国整体就业水平的就业总人数，记作 L。

根据数据的可获得性，本章选取了 2000~2016 年的年度样本数据，数据来自国家统计局网站和世界银行数据库等，个别缺失数据采用一次线性插值法进行了补充。

6.1.2 国有和私营制造业的就业统计描述

首先，给出我国国有制造业和私营制造业 2000~2016 年的就业人数的趋势，如图 6-2 和图 6-3 所示。

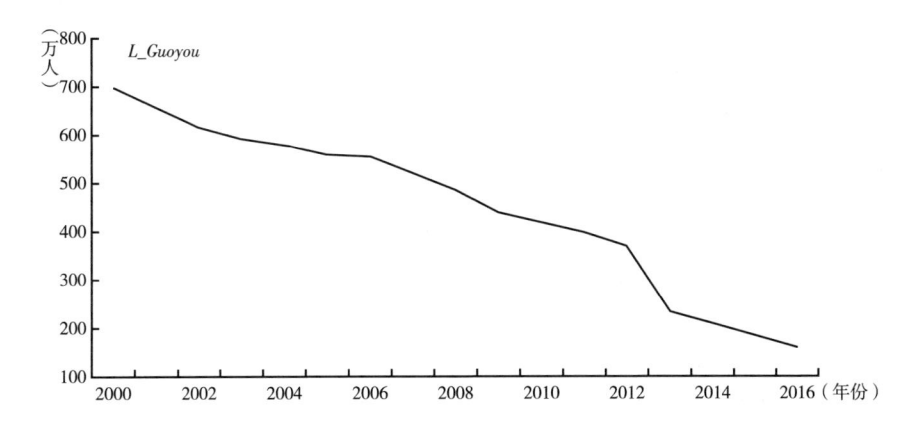

图 6-2 国有制造业就业人数的趋势

由图 6-2 可知，自 2000 年以来，我国国有制造业企业的就业人数在不断地减少。产生的可能原因包括：一方面，这段时期国有制造业企业在制造业领域不断地退出；另一方面，国有制造业企业的规模在大量减少，剩余的国有制造业企业都是高技术含量的企业，进而由技术替代了劳动力，使得国有制造业企业的就业人数进一步减少。

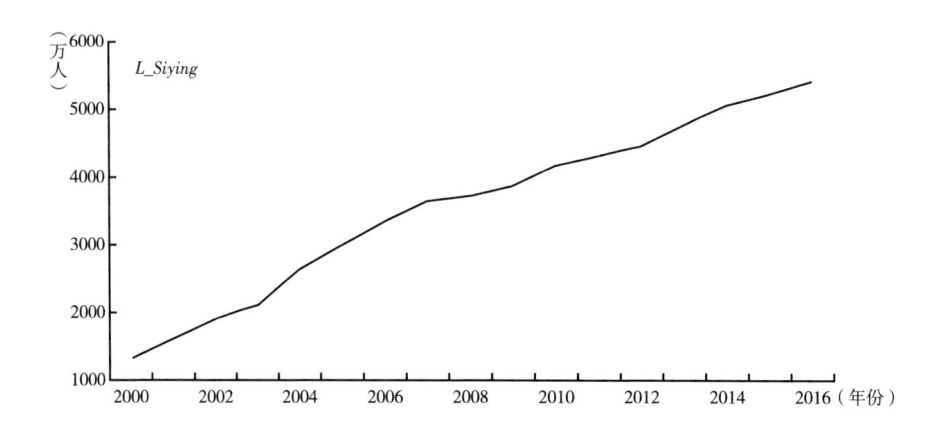

图 6-3 私营制造业就业人数的趋势

由图 6-3 可知，自 2000 年以来，我国私营制造业企业的就业人数在不断地上升。产生的可能原因包括：一方面，这段时期国有制造业企业在制造业领域不断地退出，私营制造业企业得到了快速的增长；另一方面，大量增加的私营制造业企业都是劳动力密集型企业，使得私营制造业企业的就业人数大幅增加。

进一步，为了更好地了解不同所有制制造业就业水平的关系，给出对应变量的均值和标准差，如表 6-2 所示。

表6-2 不同所有制制造业就业水平的描述统计结果

单位：万人

指标	国有制造业就业人数	私营制造业就业人数
均值	450.70	3564.27
标准差	171.70	1297.18

由表6-2可知，2000~2016年，我国国有制造业企业的平均就业人数为450.70万人，反映波动的标准差为171.70万人；私营制造业企业的平均就业人数为3564.27万人，反映波动的标准差为1297.18万人。

6.1.3 国有和私营制造业企业的融资约束统计描述

国有和私营制造业企业的融资约束水平的趋势见图6-4和图6-5。

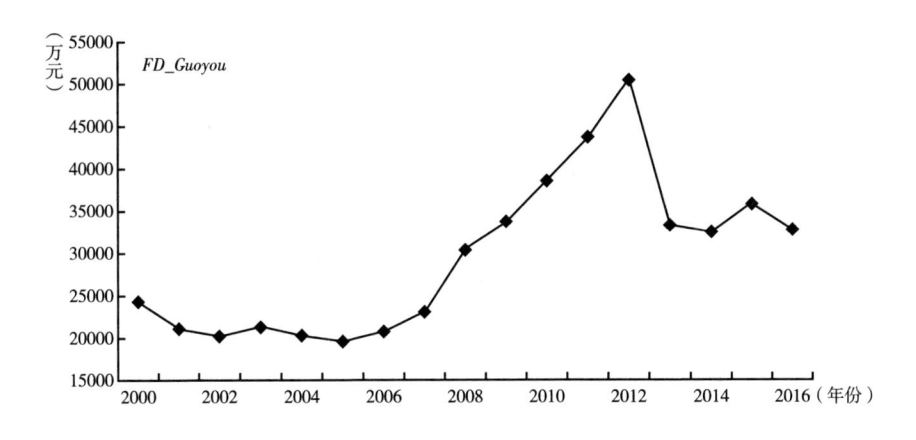

图6-4 国有制造业融资约束水平的趋势

由图6-4可知，自2000年以来，我国国有制造业企业的融资总水平，先是缓慢下降，然后是快速上升，2012年到达顶峰。又急剧下降，接着是小幅波动。这应该和国有制造企业在2000年开始大量地退出,以及留下来的国有制造业企业都是竞争力强和国家重点发展的领域有关。

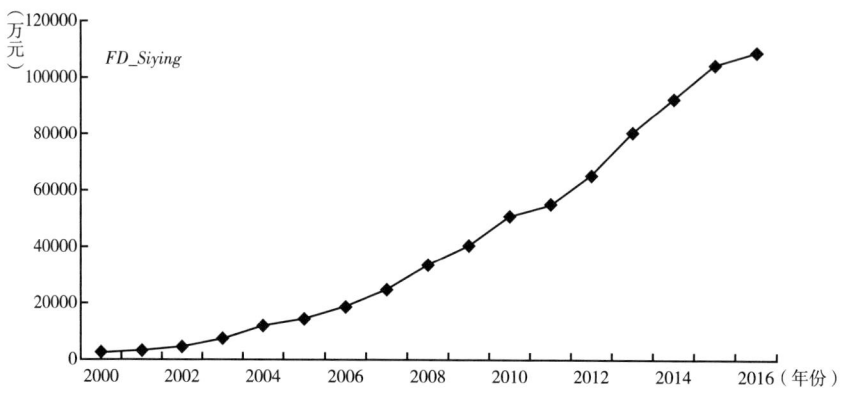

图 6-5 私营制造业融资约束水平的趋势

自 2000 年以来,我国私营制造业企业的融资约束总水平经历了从无到有、从小规模到具有相当规模的过程。也就是说,过去的 17 年内,我国私营制造业企业得到了空前的发展。它们对我国社会经济的发展起到了非常重要的作用。这也反映在我国私营制造业企业的融资水平呈现了指数式的增长(见图 6-5)。当然,这和我国国家大的发展战略有关,即允许非国有资本进入制造业行业。

进一步,为了更好地了解不同所有制制造业融资约束的关系,表 6-3 给出对应变量的均值和标准差。

表 6-3 不同所有制制造业融资约束的描述统计结果

单位:万元

指标	国有制造业融资约束	私营制造业融资约束
均值	29409.51	42115.72
标准差	9296.23	36930.97

由表 6-3 可知，2000~2016 年，我国国有制造业企业的平均融资约束水平为 29409.51 万元，反映波动的标准差为 9296.23 万元；私营制造业企业的平均融资约束水平为 42115.72 万元，反映波动的标准差为 36930.97 万元。

6.1.4 融资约束对就业影响的关系分析

为了分析不同所有制制造业的融资约束对就业水平的影响，作出不同所有制制造业的融资约束和就业水平的散点图，如图 6-6 和图 6-7 所示。

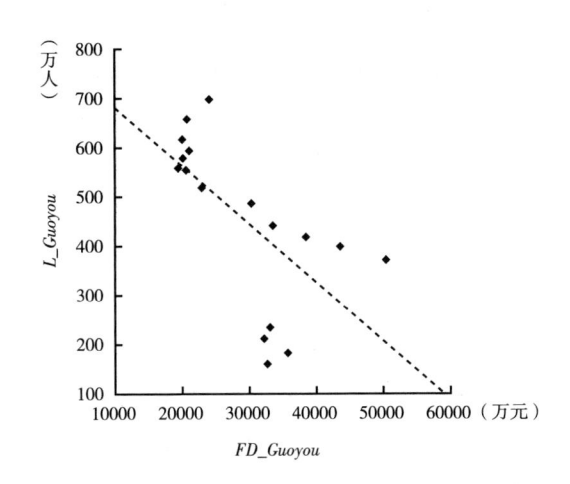

图 6-6　国有制造业融资约束对就业影响关系的散点图

图 6-6 显示，国有制造业融资约束和就业水平呈负相关关系。这个现象和事实是不符的。一方面，自 2000 年以来，我国国有制造业企业在制造业企业中不断地退出，使得总就业水平不断下降。这并不能说明对国有制造业企业而言，随着融资约束的减缓，就业水平在下降。另一方面，在已有的国有制造业企业中，分析随着融资约束的减缓对就业是否有促进作用，不能只是针对它们来构建模

型，还需要引入其他的控制变量，从而正确地反映国有制造业企业的融资约束减缓对就业是否有促进作用。

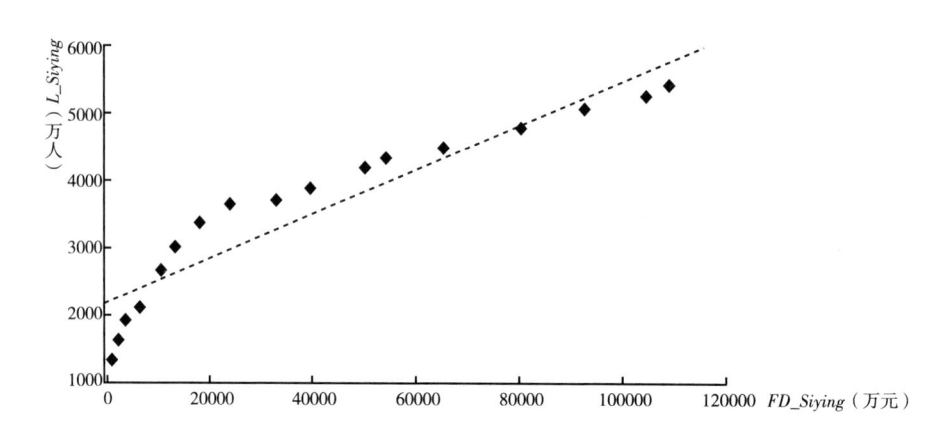

图6-7 私营制造业融资约束对就业影响关系的散点图

图6-7显示，私营制造业融资约束和就业水平呈正相关关系。这个现象和本书之前阐述的理论结论是一致的。自2000年以来，我国私营制造业企业在制造业企业中不断壮大，使得总就业水平不断上升。而私营制造业的发展必然面临一定的融资约束，只有我国金融发展水平不断提高，才能让私营企业越来越容易获得融资，进而创造更多的就业岗位，促进我国就业水平的提高。

进一步，为了更好地了解不同所有制制造业的融资约束水平和就业水平的关系，给出它们之间相关关系的检验结果，如表6-4和表6-5所示。

表6-4 国有制造业融资约束和就业水平相关性 t 检验

相关系数	t 统计量	P 值
-0.64	-3.25	0.01

表 6-5　私营制造业融资约束和就业水平相关性 t 检验

相关系数	t 统计量	P 值
0.94	10.34	0.00

由表 6-4 和表 6-5 可知,国有制造业融资约束和就业水平的相关系数为 -0.64,对应的 t 统计量值为 -3.25,相应的 P 值为 0.01。类似地,私营制造业融资约束和就业水平的相关系数为 0.94,对应的 t 统计量值为 10.34,相应的 P 值为 0.00。因此,我国国有制造业企业的融资约束水平和就业水平大致呈现负相关关系,这与近年来,我国国有制造业企业的就业人数不断减少相一致。同时,我国私营制造业企业的融资约束水平和就业水平大致呈现正相关关系,这与近年来,我国私营制造业企业的就业人数不断增加相一致。所以,有必要进一步,更准确地测度在不同所有制下,企业融资约束对就业影响的程度及其差异性。

6.2　相关模型的设定

6.2.1　分布滞后模型和误差修正模型

本章为了分析不同所有制制造业的融资约束对就业水平的长期均衡关系,选用自回归分布滞后(ARDL)模型形式。比如,ARDL (p, q) 可写作:

$$L_{i,t} = \mu + \sum_{j=1}^{p} \lambda_{i,j} L_{i,t-j} + \sum_{j=0}^{q} \delta_{i,j} FD_{i,t-j} + \sum_{k} X_{k,t}^{i} + \varepsilon_{i,t} \quad (6.1)$$

其中,$i = 1, 2$,分别为代表国有制和私营所有制,$\lambda_{i,j}$ 和 $\delta_{i,j}$ 表

示滞后 j 期的 $L_{i,t-j}$ 和 $FD_{i,t-j}$ 对 $L_{i,t}$ 的影响程度，$X^i_{k,t}$ 为相应的控制变量，本章选用的控制变量是国有制造业企业和私营制造业的总投资额 K_Guoyou 和 K_Siying，国内生产总值 GDP，广义货币供给量 $M2$，就业总人数 L。以上模型主要分析原变量的长期影响关系。为了能反映短期内，它们的变动之间的影响程度，本书在模型（6.1）的基础上，构建误差修正模型来分析就业水平变动量 $\Delta L_{i,t}$ 和金融发展水平变动量 $\Delta FD_{i,t}$ 的短期调整关系。误差修正模型设定为：

$$\Delta L_{i,t} = \mu_i + \phi_i(L_{i,t-1} - \theta_i FD_{i,t-1} - \mu_i) + \sum_{j=1}^{p-1} \lambda_i^* \Delta L_{i,t-j} \\ + \sum_{j=0}^{q-1} \delta_{i,j}^* \Delta FD_{i,t-j} + \varepsilon_{i,t} \quad (6.2)$$

其中，对国有制制造业或者私营制造业而言，ϕ_i 为 $t-1$ 期的误差修正项 $(L_{i,t-1} - \theta_i FD_{i,t-1} - \mu_i)$ 的系数。当 $\phi_i < 0$ 时，可以依据误差修正项 $ECM_{i,t-1} = L_{i,t-1} - \theta_i FD_{i,t-1} - \sum X_i - \mu_i$ 来分析修正的作用。

（1）若 $t-1$ 时刻 $L_{i,t-1}$ 大于其均衡解 $\theta_i FD_{i,t-1} + \sum X_i + \mu_i$，则 $ECM_{i,t-1}$ 为正，从而 $\phi_i ECM_{i,t-1}$ 为负，使得 $\Delta L_{i,t}$ 减小。

（2）若 $t-1$ 时刻 $L_{i,t-1}$ 小于其均衡解 $\theta_i FD_{i,t-1} + \sum X_i + \mu_i$，则 $ECM_{i,t-1}$ 为负，从而 $\phi_i ECM_{i,t-1}$ 为正，使得 $\Delta L_{i,t}$ 增大。

这很好地测度了长期非均衡误差项 $ECM_{i,t-1}$ 对 $L_{i,t}$ 的控制。

6.2.2 单位根检验和协整检验

为了保证所构建的回归模型，能真实地反映不同所有制制造业的融资约束 FD_i 和就业水平 L_i 的关系。避免"虚假回归"现象。首先对国有制造业企业和私营制造业企业的融资约束 FD_i、就业水平

L_i、总投资额 K_i、国内生产总值 GDP、广义货币供给量 $M2$ 和全社会就业总人数 L，进行单位根检验。检验结果如表 6-6 所示。

表 6-6 相关变量的 ADF 单位根检验结果

（1）国有制造业就业水平原变量的 ADF 检验结果

		t 统计量	P 值
ADF 检验统计量		-1.575074	0.7568
检验的临界值	1%	-4.667883	
	5%	-3.733200	
	10%	-3.310349	

（2）国有制造业就业水平一阶差分变量的 ADF 检验结果

		t 统计量	P 值
ADF 检验统计量		-3.721982	0.0155
检验的临界值	1%	-3.959148	
	5%	-3.081002	
	10%	-2.681330	

（3）私营制造业就业水平原变量的 ADF 检验结果

		t 统计量	P 值
ADF 检验统计量		-1.299146	0.8499
检验的临界值	1%	-4.667883	
	5%	-3.733200	
	10%	-3.310349	

（4）私营制造业就业水平一阶差分变量的 ADF 检验结果

		t 统计量	P 值
ADF 检验统计量		-7.197617	0.0002
检验的临界值	1%	-4.297073	
	5%	-3.212696	
	10%	-2.747676	

(5) 国有制造业融资约束原变量的 ADF 检验结果

		t 统计量	P 值
ADF 检验统计量		-1.236994	0.6309
检验的临界值	1%	-3.920350	
	5%	-3.065585	
	10%	-2.673459	

(6) 国有制造业融资约束一阶差分变量的 ADF 检验结果

		t 统计量	P 值
ADF 检验统计量		-3.667193	0.0172
检验的临界值	1%	-3.959148	
	5%	-3.081002	
	10%	-2.681330	

(7) 私营制造业融资约束原变量的 ADF 检验结果

		t 统计量	P 值
ADF 检验统计量		-1.723849	0.6925
检验的临界值	1%	-4.667883	
	5%	-3.733200	
	10%	-3.310349	

(8) 私营制造业融资约束一阶差分变量的 ADF 检验结果

		t 统计量	P 值
ADF 检验统计量		-6.993388	0.0007
检验的临界值	1%	-4.992279	
	5%	-3.875302	
	10%	-3.388330	

（9）国有制造业总投资额原变量的 ADF 检验结果

		t 统计量	P 值
ADF 检验统计量		-0.533927	0.4621
检验的临界值	1%	-2.792154	
	5%	-1.977738	
	10%	-1.602074	

（10）国有制造业总投资额一阶差分变量的 ADF 检验结果

		t 统计量	P 值
ADF 检验统计量		-2.264178	0.0287
检验的临界值	1%	-2.792154	
	5%	-1.977738	
	10%	-1.602074	

（11）私营制造业总投资额原变量的 ADF 检验结果

		t 统计量	P 值
ADF 检验统计量		-0.074168	0.9880
检验的临界值	1%	-4.886426	
	5%	-3.828975	
	10%	-3.362984	

（12）私营制造业总投资额一阶差分变量的 ADF 检验结果

		t 统计量	P 值
ADF 检验统计量		-7.579053	0.0004
检验的临界值	1%	-4.992279	
	5%	-3.875302	
	10%	-3.388330	

(13) 国内生产总值的原变量的 ADF 检验结果

		t 统计量	P 值
ADF 检验统计量		-2.833351	0.2068
检验的临界值	1%	-4.667883	
	5%	-3.733200	
	10%	-3.310349	

(14) 国内生产总值一阶差分变量的 ADF 检验结果

		t 统计量	P 值
ADF 检验统计量		-7.197617	0.0002
检验的临界值	1%	-4.297073	
	5%	-3.212696	
	10%	-2.747676	

(15) 广义货币供给量的原变量的 ADF 检验结果

		t 统计量	P 值
ADF 检验统计量		-0.348472	0.9799
检验的临界值	1%	-4.667883	
	5%	-3.733200	
	10%	-3.310349	

(16) 广义货币供给量一阶差分变量的 ADF 检验结果

		t 统计量	P 值
ADF 检验统计量		-8.217753	0.0000
检验的临界值	1%	-3.646342	
	5%	-2.954021	
	10%	-2.615817	

第6章 我国金融发展对不同所有制企业就业影响的差异性分析

(17) 全社会就业人数的原变量的 ADF 检验结果

		t 统计量	P 值
ADF 检验统计量		-0.792429	0.8716
检验的临界值	1%	-2.754993	
	5%	-1.970978	
	10%	-1.603693	

(18) 全社会就业人数一阶差分变量的 ADF 检验结果

		t 统计量	P 值
ADF 检验统计量		-2.946319	0.0062
检验的临界值	1%	-2.728252	
	5%	-1.966270	
	10%	-1.605026	

表6-6显示，国有制造业企业和私营制造业企业就业水平、国有制造业企业和私营制造业企业的融资约束、国有制造业企业和私营制造业企业的总投资额、国内生产总值、广义货币供给量和全社会就业人数均为非平稳变量。但是，它们对应的一阶差分变量均为平稳变量。也就是说，它们都是同阶单整的。因此，本书需要进一步检验它们之间是否存在长期均衡关系，结果如表6-7所示。

表6-7 国有制造业企业和私营制造业企业相关变量的协整检验结果

(1) 国有制造业企业相关变量的协整检验结果

无约束协整秩检验(迹)

原假设没有协整关系的个数	特征值	迹统计量	5% 临界值	P 值
无	0.906636	65.57088	47.85613	0.0005
至多1个	0.707525	30.00212	29.79707	0.0474
至多2个	0.440731	11.56150	15.49471	0.1792
至多3个	0.172745	2.844636	3.841466	0.0917

(2) 私营制造业企业相关变量的协整检验结果

无约束协整秩检验(迹)

原假设没有协整关系的个数	特征值	迹统计量	5%临界值	P值
无	0.969106	88.22185	47.85613	0.0000
至多1个	0.777644	36.06405	29.79707	0.0083
至多2个	0.585806	13.51195	15.49471	0.0973
至多3个	0.019188	0.290620	3.841466	0.5898

表6-7(1)显示，针对国有制造业企业的相关变量进行的Johansen协整检验中，第一，针对H_0："不存在协整关系"，对应的迹统计量值为65.57，对应的检验P值为0.00。第二，针对H_0："至多存在一个协整关系"，迹统计量值为30.00，对应的检验P值为0.05。第三，针对H_0："至多存在两个协整关系"，对应的迹统计量值为11.56，对应的检验P值为0.18。因此，接受原假设。综合以上检验可知，本书所考察的针对国有制造业企业的所选变量，它们之间存在两个长期均衡关系。

表6-7(2)显示，针对私营制造业企业的相关变量进行的Johansen协整检验中，第一，针对H_0："不存在协整关系"，对应的迹统计量值为88.22，对应的检验P值为0.00。第二，针对H_0："至多存在一个协整关系"，对应的迹统计量值为36.06，对应的检验P值为0.01。第三，针对H_0："至多存在两个协整关系"，对应的迹统计量值为13.51，对应的检验P值为0.10。因此，接受原假设。综合以上检验可知，本书所考察的针对私营制造业企业的所选变量，它们之间存在两个长期均衡关系。

6.3 我国金融发展对不同所有制企业就业的长期影响分析

由相关变量的协整检验可知,本书可以对它们的原变量直接构建多元回归模型,以便分析它们的长期影响关系。进而,利用普通最小二乘估计,得到针对国有制造业企业对应的多元回归方程如下:

$$\hat{L}_1 = 2145.07 + 0.003 \times FD_1 + 0.001 \times GDP - 0.02 \times L$$
t　(3.50)　　(4.52)　　(10.83)　　(-2.41)　　(6.3)
$\bar{R}^2 = 0.99$　　F = 447.51

由方程(6.3)可知,一方面,从总体来看,国有制造业企业的金融发展水平 FD_1、国内生产总值 GDP 和总的就业水平 L 联合起来,对国有制造业企业的就业水平 L_1 存在显著的影响关系,修正的可决系数 $\bar{R}^2 = 0.99$,对应总体显著性检验的统计量 F = 447.51。

另一方面,从单个变量来看,第一,国有制造业企业的金融发展水平 FD_1 对国有制造业企业的就业水平 L_1 存在正向的显著性影响,对应显著性检验的 t 统计量为 4.52。因此,在其他变量保持不变的情况下,国有制造业企业的金融发展水平 FD_1 每增加一个单位,平均来说,国有制造业企业的就业水平 L_1 将增加 0.003 个单位。第二,国内生产总值 GDP 对国有制造业企业的就业水平 L_1 存在正向的显著性影响,对应显著性检验的 t 统计量为 10.83。因此,在其他变量保持不变的情况下,国内生产总值 GDP 每增加一个单位,平均来说，国有制造业企业的就业水平 L_1 将增加 0.001 个单位。第三，总的就业水平 L 对国有制造业企业的就业水平 L_1 存在负向的显著性影响，对应显著性检验的 t 统计量为 -2.41。因此，在其他变量保持不变的情况下，总的就业水平 L 每增加一个单位，平均来说，国有制造业企业的就业水平 L_1 将减少 0.02 个单位。

针对国有制造业企业的整体解释能力，图 6-8 为就业水平的实际数据、拟合数据和残差的关系。

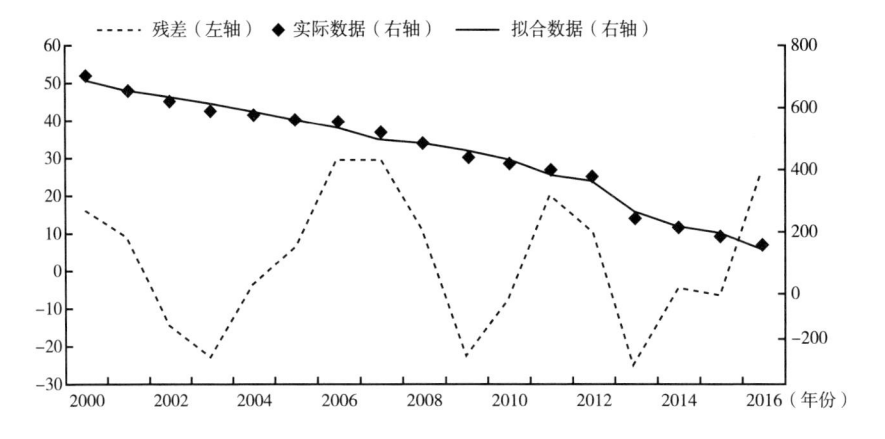

图 6-8　国有制造业企业就业水平的实际数据、拟合数据和残差

由图 6-8 可知，针对国有制造业企业的就业水平数据而言，本书所估计的模型，对应的就业水平估计值对真实的就业水平有很好的拟合作用。这也证明了本书所构建的上述模型是恰当的。

类似地，针对私营制造业企业，利用普通最小二乘估计，得到对应的多元回归方程如下：

$$\hat{L}_2 = -48322.13 + 0.014 \times FD_2 + 0.001 \times M2 + 0.688 \times L$$

t　　(3.23)　　　(5.58)　　　(13.21)　　　(16.23)　　(6.4)

$\overline{R}^2 = 0.99$　　　$F = 781.00$

第6章 我国金融发展对不同所有制企业就业影响的差异性分析

由以上回归方程可知,一方面,从总体来看,私营制造业企业的金融发展水平 FD_2、广义货币供给量 $M2$ 和总的就业水平 L 联合起来,对私营制造业企业的就业水平 L_2 存在显著的影响关系,修正的可决系数为 $\bar{R}^2 = 0.99$,对应总体显著性检验的统计量 F = 781.00。

另一方面,从单个变量来看,第一,私营制造业企业的金融发展水平 FD_2 对私营制造业企业的就业水平 L_2 存在正向的显著性影响,对应显著性检验的 t 统计量值为 5.58。因此,在其他变量保持不变的情况下,私营制造业企业的金融发展水平 FD_2 每增加一个单位,平均来说,私营制造业企业的就业水平 L_2 将增加 0.014 个单位。第二,广义货币供给量 $M2$ 对私营制造业企业的就业水平 L_2 存在正向的显著性影响,对应显著性检验的 t 统计量值为 13.21。因此,在其他变量保持不变的情况下,广义货币供给量 $M2$ 每增加一个单位,平均来说,私营制造业企业的就业水平 L_2 将增加 0.001 个单位。第三,总的就业水平 L 对私营制造业企业的就业水平 L_2 存在负向的显著性影响,对应显著性检验的 t 统计量值为 16.23。因此,在其他变量保持不变的情况下,总的就业水平 L 每增加一个单位,平均来说,私营制造业企业的就业水平 L_2 将增加 0.688 个单位。

针对私营制造业企业的整体解释能力,图 6-9 为就业水平的实际数据、拟合数据和残差的关系。

由图 6-9 可知,针对私营制造业企业的就业水平数据而言,本书所估计的模型,对应的就业水平估计值对真实的就业水平有很好的拟合作用。这也证明了本书所构建的上述模型是恰当的。

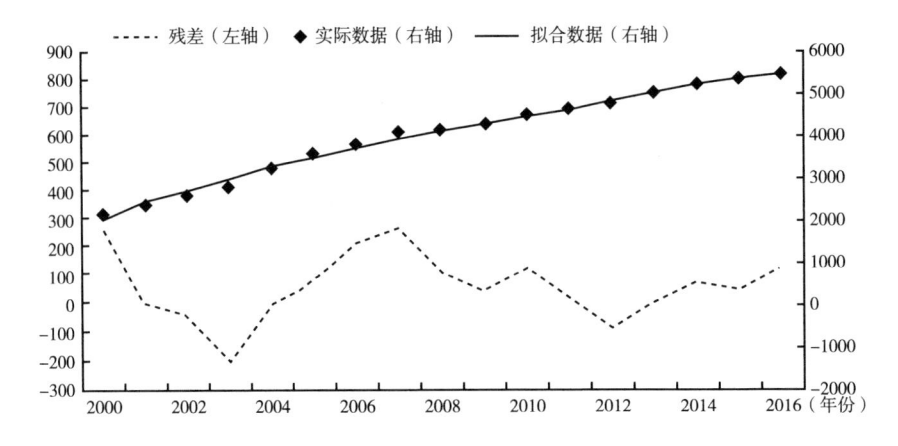

图6-9 私营制造业企业就业水平的实际数据、拟合数据和残差

6.4 我国金融发展对不同所有制企业就业的短期影响分析

以上基于均衡模型，得到了国有和私营制造业企业的融资约束对就业存在长期正的影响。为了进一步分析，我国国有制造业和私营制造业企业的融资约束变动对就业变动的短期影响关系，构建国有制造业企业对应的误差修正模型：

$$\hat{DL}_{1,t} = -0.71 \times ECM_{1,t-1} + 0.01 \times DFD_{1,t} - 0.001 \times DGDP_t - 0.03 \times DL_t$$
t　　　(-2.65)　　　(5.46)　　　(-3.52)　　　(-2.13)
$$\bar{R}^2 = 0.86$$

（6.5）

其中，非均衡误差项 $ECM_{1,t-1}$ 是上述国有制造业企业对应的均衡模型在 $t-1$ 时的误差项。由以上误差修正方程式可知，非均衡误差项 $ECM_{1,t-1}$ 的系数为 -0.71，对应的 t 值为 -2.65。因此，根据误差修正模型构建的原则得到：从短期来看，一方面，我国国有制造业企业融资约束的变动对就业水平的变动存在正向影响关系；另一方面，非均衡误差项对短期波动存在修正作用，使得国有制造业企业的融资约束对就业水平的长期影响存在正向关系。这进一步佐证了数理模型所得到的理论结论。

构建私营制造业企业对应的误差修正模型：

$$\hat{DL}_{2,t} = -0.59 \times ECM_{2,t-1} + 0.03 \times DFD_{2,t} - 0.001 \times DM_{2,t} + 0.31 \times DL_t$$
$$t \quad\quad (-2.58) \quad\quad\quad (3.90) \quad\quad\quad\quad (-2.10) \quad\quad\quad (7.24)$$
$$\bar{R}^2 = 0.91$$

$$(6.6)$$

其中，非均衡误差项 $ECM_{2,t-1}$ 是上述私营制造业企业对应的均衡模型在 $t-1$ 时的误差项。由以上误差修正方程式可知，非均衡误差项 $ECM_{2,t-1}$ 的系数为 -0.59，对应的 t 值为 -2.58。因此，根据误差修正模型构建的原则得到：从短期来看，一方面，我国私营制造业企业融资约束的变动对就业水平的变动存在正向影响关系；另一方面，非均衡误差项对短期波动存在修正作用，使得私营制造业企业的融资约束对就业水平的长期影响存在正相关关系。这进一步验证了数理模型的结论。

6.5 本章小结

为了从企业层面测度金融发展对就业的影响。针对我国国有制造业企业和私营制造业企业的融资约束对就业水平的影响差异性进行分析。检验在我国随着企业融资约束的缓解，就业水平是否不断提高。针对 2000~2016 年的年度数据。首先，对国有制造业和私营制造业企业的融资约束和就业进行了描述性统计分析。其次，分别对国有制造业企业和私营制造业企业的数据构建了多元回归模型和误差修正模型，测度了我国国有制造业和私营制造业企业融资约束对就业长期影响和短期影响关系。实证结论表明如下。

第一，从长期来看，一方面，我国国有制造业和私营制造业企业的金融发展水平对就业水平的影响均存在正向的显著性。另一方面，我国国有制造业和私营制造业企业的金融发展对就业的影响程度存在一定的差异性。

第二，从短期来看，一方面，我国国有制造业和私营制造业企业融资约束的变动对就业水平的变动存在正的影响关系。另一方面，非均衡误差项对短期波动存在修正作用，使得国有制造业和私营制造业企业的融资约束对就业水平的长期影响存在正向关系。

由以上的实证结论，给出相关的政策建议如下。

第一，不管是国有制造业还是私营制造业，随着它们融资约束的缓解，能创造更多的工作岗位，有效地促进我国的就业水平的提高。因此，政府需要尽量地释放金融市场的活力，不仅要使国有制造业企业能够容易地获得融资，而且要使私营制造业企业能够越来越容易地获得融资。让金融扶持政策给企业带来更多的利好，让企业家更有积极性创造更多的就业岗位，从而促进我国的就业。

第二，鉴于私营制造业企业在解决劳动力就业中起到了主要的作用。因此，政府应当给私营企业，尤其是中小企业更多的金融扶持政策，充分发挥它们的优势，以便解决更多劳动力的就业。

第7章 我国金融发展对就业影响的周期差异性分析

针对金融发展是否能促进就业，学术界存在一定的分歧：一方面，有人认为金融发展会导致就业的减少，因为放松融资约束可能会让企业投资于资本密集型的技术，从而扩大产出，而不是扩大就业；另一方面，也有人认为金融发展确实会带来就业的增长。

本书以上几章内容，已经从理论上阐述了金融发展可以促进就业。针对我国的具体情况，从国家层面、地区层面、国有制造业和私营制造业企业层面，验证了我国金融发展对就业的影响存在显著的正向关系，而且不同的地区之间、不同的所有制企业之间这种影响关系还存在显著的差异性。

但是，本书以上的分析只是从时间变动的角度，测度金融发展对就业的影响关系，并没有充分考虑到，在短周期波动、中周期波动和长期趋势上，测度我国金融发展水平对就业水平影响的关系，以及这种关系的差异性。本书注意到，时间序列分析包括了时域分析和频域分析。时域分析主要侧重于表述随着时间的推移，变量自身的变动演化机制，包括针对表示均值和方差的变动的自回归平均移动模型等。频域分析则侧重于从不同的频域上，分析变量的变动特征。本书会把一个变量分解在不同的频域即周期上，这样能更有效地从短周期波动、中周期波动和长期趋势上，分析变量的变化特征。不同于时域分析，频域分析包括以下步骤。第一，计算各个变量的样本谱，以便识别变量的变动主周期。第二，计算两个变量的平方相干函数，从不同的频域来测度变量之间的相关性，这类似但不同于时域分析中的相关函数。第三，计算两个变量的相谱，从不同的频域给出两个变量的变动关系是超前、滞后还是一致。如果超前或是滞后，进一步利用时差统计量，确定超前或是滞后的具体阶数。第四，基于小波分析，本书可以具体地把变量分解在各个频域上，针对各个频域上的变量，可以在不同的频域上，基于各种计量模型，来测度变量之间的关系。总之，频域分析和小波分析，能让本书更加精细和准确地测度金融发展对就业的影响及其差异性。

本书第3章从国家层面分析金融发展对就业的影响，第5章从地区层面分析金融发展对就业的影响，以及第6章从国有制造业企业和私营制造业企业的层面分析融资约束对就业的影响。本章将频域分析的方法应用到以上三章的分析中，从频域的视角，就金融发展对就业的影响给出更精细的结论。以下内容结构为：第一部分是国家层面金融发展对就业影响的周期差异性分析，第二部分是地区层面金融发展对就业影响的周期差异性分析，第三部分是国有和私营企业融资约束对就业影响的周期差异性分析，第四部分是本章小结。

7.1 国家层面金融发展对就业影响的周期差异性分析

本书第3章和第4章从国家层面上测度我国金融发展对就业的影响，在已有文献的基础上，本章选择了相关的变量如下。

第7章 我国金融发展对就业影响的周期差异性分析

被解释变量：就业量采用年底就业人数，记作 L。

解释变量：金融发展水平采用当年金融机构人民币贷款余额占当年名义 GDP 比重来衡量，记作 FD_1。为了进一步检验金融发展的效应是否稳健，本书也采用当年金融机构人民币各项存款与贷款余额之和占当年名义 GDP 的比重来度量金融发展水平，记作 FD_2。通过之前的验证，以上两个变量具有较高的相似度。因此，以下本章将采用 FD_1 表征金融发展水平，记作 FD。

控制变量：影响就业的因素比较多，比如，国内生产总值、产业结构、教育水平和城镇化水平等。本书通过限制性检验，选取的控制变量为教育水平和城镇化水平。

教育水平：借鉴陈钊等利用 1989~2003 年的人均教育年限数据的估算方法，近似推算出 1979~2015 年的人均教育年限数据，作为教育水平的数据，记作 EDU。

城镇化水平：按照公认的度量方式，为城镇人口数占总人口数的比重，记作 URB。

利用以上变量，从时域的视角，基于多元回归模型和误差修正模型，测度了金融发展对就业的长期影响关系和短期影响关系。而且在不同的金融发展水平下，测度了金融发展水平对就业影响的非对称性效应。

本部分利用国家层面的数据，从频域的视角，基于频域分析、小波变换和回归分析的方法，测度金融发展对就业的影响关系及在不同频域上的差异性等。首先，为了测度我国金融发展和就业的变动是否具有共同的周期，利用样本谱来进行测度。其次，为了从不同的频域测度金融发展对就业的影响程度，本书利用平方相干函数和相谱方法来测度。最后，本书利用小波变换把相关的变量分解在不同的周期上,从短周期波动、中周期波动和长期趋势三个维度,测度我国金融发展对就业的影响关系以及差异性。

7.1.1 基于样本谱的金融发展水平和就业水平的主周期识别

本书针对我国金融发展水平、就业水平变量、教育水平变量和城镇化水平变量,采用 AR 谱估计的方法,得到它们各自的样本谱来识别主周期。通过 AR(1)谱估计,得到了对应的样本周期谱,如图 7-1 所示。

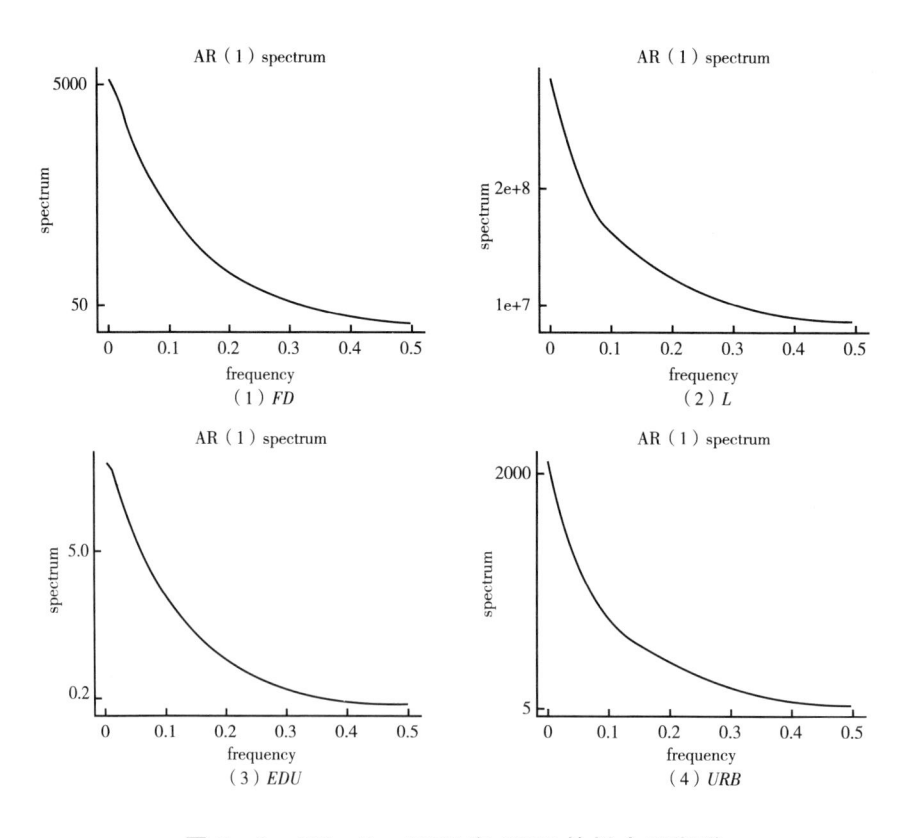

图 7-1　FD、L、EDU 和 URB 的样本周期谱

如图7-1所示，我国的金融发展水平变量、就业水平变量、教育水平变量和城镇化水平变量均无周期性变动特征。这说明它们的变动具有相同的趋势，有必要进一步分析金融发展水平对就业水平的影响程度。

7.1.2 基于平方相干函数的金融发展对就业影响的测度

为了进一步分析金融发展水平、教育水平和城镇化水平对就业的影响关系，下面利用平方相干函数，在频域上给出它们和就业的相关性。分析与宏观变量的相关关系，可以得到它们的交叉谱分析结果。本书可以得到，不论是在高频率处还是在低频率处，金融发展水平、教育水平和城镇化水平对就业水平都显著地存在正向的影响关系。

7.1.3 基于相谱的金融发展对就业影响的测度

接下来，分别给出金融发展水平、教育水平和城镇化水平和就业水平的相谱图，以便在不同的频域上，分别解释金融发展水平、教育水平和城镇化水平对就业水平的影响关系。给出它们的相谱，如图7-2所示。

由图7-2可以直观地看到，第一，从频域上来看，在低频和高频时，金融发展水平的变动领先于就业水平的变动。然而，在其他一些频率处时，金融发展水平变动和就业水平变动的关系存在或者领先或者滞后的关系。即在频域上金融发展水平的变动对就业水平的变动影响关系存在领先或者滞后的不稳定性。经济含义为，从长期来看，金融发展水平的提高促进就业水平的提高；从短期来看，企业融资约束的减缓能创造更多的就业岗位，从而增加就业；

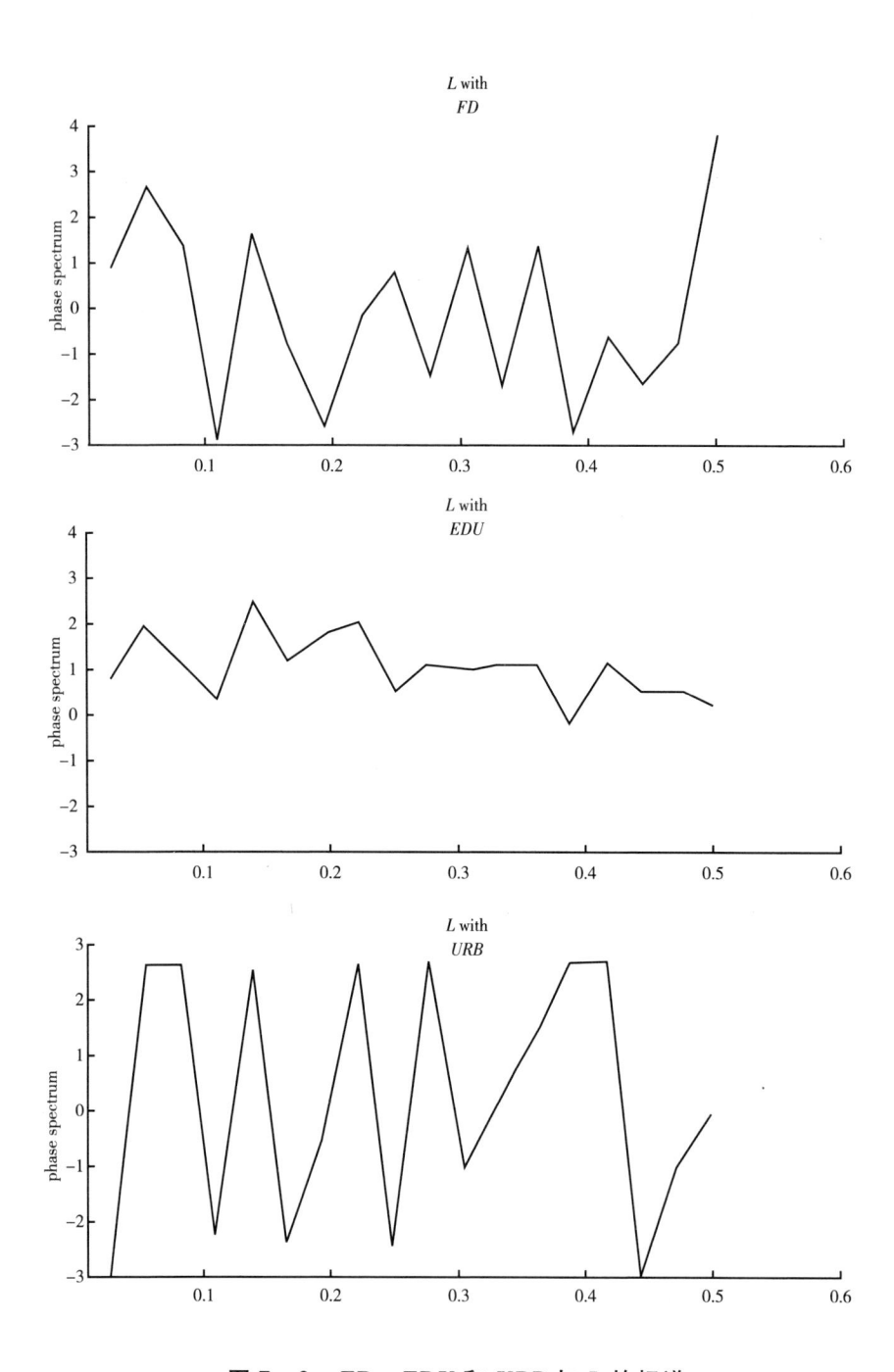

图 7-2 *FD*、*EDU* 和 *URB* 与 *L* 的相谱

但在其他频域上来看，它们的领先或者滞后关系存在多变性。这还需要本书做进一步的分析。

第二，从频域上来看，作为控制变量的教育水平变量 EDU，不管是在低频还是在高频时，教育水平的变动均领先于就业的变动。可能的经济解释是，从长期来看，劳动者教育水平的提高，使其增加了寻找到更多更好就业岗位的能力。这也符合我国通过发展教育促进就业能力的理念。这折射出我国政府多年实施的九年义务教育和大学教育大众化等政策，对促进就业水平的提高是非常有效的。也为下一步推广十二年义务教育提供了很好的科学依据。从短期来看，劳动者教育水平的提高，也有助于解决结构性失业，进而促进就业。可能的经济学解释是，劳动者接受类似于短期培训和职业教育，来提高自身教育水平，同样可以使其更快找到合适的工作岗位。因此，本书认为职业教育和相关职业类的短期培训对促进就业也是有效的。

第三，从频域上来看，作为控制变量的城镇化水平变量 URB，在低频和高频时，城镇化水平的变动领先于就业水平的变动。可能的经济解释是，从长期来看，因为城镇化使得更多的农民成为需要寻找工作岗位的劳动者，应运而生的私营企业和个体户企业的数目不断提升，尤其是第三产业的就业岗位会不断增加。从而使得全社会的就业水平得到提升。这也符合我国着重发展第三产业，使其成为最主要容纳就业的产业。

7.1.4 基于小波分析的金融发展对就业影响的测度

在以上分析的基础上，本书在频域上大致地分析了金融发展对就业的影响。为了在不同的频域上，更精确地测度金融发展对就业的影响，本书首先利用小波变换，把各个变量分解在短周期、中周期和长周期上。其次，在不同的周期上，基于相关的计量模型，测度金融发展对就业的影响。最后，分析不同的周期上，金融发展对就业影响的差异性。

（1）利用 Matlab 软件，对金融发展水平、教育水平、城镇化水平和就业水平，基于 Daubechies 小波系 db4 作为基底进行小波分解。第一层主要是去除随机变动因素和不规则变动因素。而第二层和第三层是去除了随机变动因素、不规则变动因素和长期变动趋势的部分。因此，本书把第二层定义为短周期波动；第三层定义为中周期波动；小波分解后的剩余项为趋势项，将其定义为长周期。于是，得到序列金融发展水平、教育水平、城镇化水平和就业水平变量在各个周期上的值。

（2）在各个周期分量上，建立金融发展影响就业的相关模型，估计结果如表 7-1 所示。

表 7-1 各个周期上金融发展对就业影响的模型估计

（1）短周期波动所对应的模型

变量	系数	标准差	t 统计量	P 值
C	-13.39517	109.7279	-0.122076	0.9036
FD	71.32573	29.50292	2.417582	0.0217
EDU	4906.565	952.9020	5.149076	0.0000
URB	92.90988	764.1764	0.121582	0.9040

（2）中周期波动所对应的模型

变量	系数	标准差	t 统计量	P 值
C	-245.4173	287.6860	-0.853074	0.4002
FD	168.9751	40.03820	4.220348	0.0002
EDU	321.1611	560.9366	0.572544	0.5711
URB	5.969376	8.126726	0.734536	0.4681

第 7 章　我国金融发展对就业影响的周期差异性分析

（3）长期趋势所对应的模型

变量	系数	标准差	t 统计量	P 值
C	8056.314	2200.147	3.661715	0.0009
FD	613.1453	23.37977	26.22546	0.0000

由表 7-1 可知，一方面，总体上来说，金融发展对就业影响存在显著的正向关系。其他控制变量在不同维度上对就业影响的显著性存在一定的差异。另一方面，从短周期波动、中周期波动和长周期趋势三个不同的维度来看，我国金融发展对就业影响存在显著的差异性。从短周期波动来看，金融发展水平的波动对就业水平的波动存在显著的正向影响关系，对应 t 检验的 P 值为 0.02。教育水平的波动对就业的波动存在显著的正向影响关系，对应 t 检验的 P 值为 0.00。而城镇化水平波动对就业波动存在不显著的正向影响关系，对应 t 检验的 P 值为 0.90。在其他变量保持不变的情况下，金融发展水平正向波动一个单位，平均来说，对就业波动的影响是 71.33 个单位。从中周期波动来看，金融发展水平的波动对就业波动存在显著的正向影响关系，对应 t 检验的 P 值为 0.00。而教育水平的波动对就业波动存在不显著的正向影响关系，对应 t 检验的 P 值为 0.57。城镇化水平波动对就业波动存在不显著的正向影响关系，对应 t 检验的 P 值为 0.47。在其他变量保持不变的情况下，金融发展水平正向波动一个单位，平均来说，对就业波动的影响是 168.98 个单位。从长期趋势来看，因为金融发展水平和教育水平、城镇化水平存在高度相关性。因此，本书只是测度了金融发展的长期趋势对就业的长期趋势的影响，得到了金融发展水平长期趋势对就业水平长期趋势存在显著的正向影响关系，对应 t 检验的 P 值为 0.00。在

其他变量保持不变的情况下,当金融发展长期趋势每增加一个单位时,平均来说,就业水平长期趋势将增加613.15个单位。

可能的经济含义解释是,我国金融市场的发展对就业的影响存在不同程度的影响关系。从短期波动来看,金融发展水平的波动对就业水平的波动存在正的但较小的影响。主要是因为,宏观金融发展水平的提高,导致企业融资约束的缓解,进而使得企业有创造更多空缺岗位的需求和能力,最后才影响到我国就业总水平的变动。整个传导机制需要一定的时间来实现。这也正说明了,从中期波动来看,金融发展水平的波动对就业水平的波动存在正的较大的影响关系。从长期趋势来看,金融发展水平的趋势项对就业水平的趋势项存在正的更大的影响关系。这说明,我国这些年来,金融市场的发展和繁荣对促进就业起到了非常重要的作用,也证明了我国政府实施的金融扶持促进就业的政策是非常合理的。

7.2 地区层面金融发展对就业影响的周期差异性分析

第5章从地区层面测度我国金融发展对就业影响的差异性。在已有文献的基础上,本章选择了相关的变量如下。

被解释变量:我国各个省份的就业人员数,记作 L。

解释变量:我国各个省份的金融发展水平,借鉴已有文献利用各省份金融机构贷款余额除以各省份生产总值来表征,记作 FD。

控制变量:借鉴已有文献,并结合数据的可获得性,本章选取了如下三个控制变量。

各省份教育水平:利用各省份每万人在校大学生人数来表征,记作 EDU。

各省份城镇化水平：利用各省份城镇人口数除以各省份总人数来表征，记作 *URB*。

各省份的投资总水平：利用各省份固定资产投资额来表征，记作 *K*。

进而采用了我国 31 个省份 1979~2015 年的年度面板数据，并且为了分析不同经济发展水平下，金融发展对就业影响的差异性把 31 个省份分为东部、中部和西部三个区域。其中广东等 11 个省份为东部，吉林等 8 个省份为中部，甘肃等 12 个省份为西部。得到我国金融发展对就业的影响在省份之间、区域之间存在显著的差异性。

这里本章将从频域的视角，进一步从短周期、中周期和长周期三个维度，测度我国金融发展对就业影响的省份差异性。首先，为了测度我国各省份金融发展和就业的变动是否具有共同的周期，本书利用样本谱来进行测度。其次，为了从不同的频域上，测度金融发展对就业的影响程度，本书利用平方相干函数和相谱方法来测度。最后，本书利用小波变换把相关的变量分解在不同的周期上，从短周期、中周期和长周期三个维度来，测度我国各省份金融发展对就业的影响关系以及差异性。鉴于对我国 31 个省份做以上的谱分析和小波分析，来构建面板数据的过程比较耗时。在能保证有一定代表性和能说明分析思路的原则下，本书从东部、中部和西部地区分别选择了广东省、吉林省和甘肃省来进行举例分析。

7.2.1 基于样本谱的金融发展水平和就业水平的主周期识别

针对广东省、吉林省和甘肃省的金融发展水平变量、就业水平变量、教育水平变量、城镇化水平变量和投资总水平变量，本书为了得到它们各自的样本谱来识别主周期，采用 AR 谱估计的方法。图 7-3 均为通过 AR（1）谱估计得到的对应的样本周期谱。

(1) 广东省、吉林省和甘肃省的金融发展水平 FD 的样本周期谱

(2) 广东省、吉林省和甘肃省的就业水平 L 的样本周期谱

(3) 广东省、吉林省和甘肃省的教育水平 EDU 的样本周期谱

(4) 广东省、吉林省和甘肃省的城镇化水平 URB 的样本周期谱

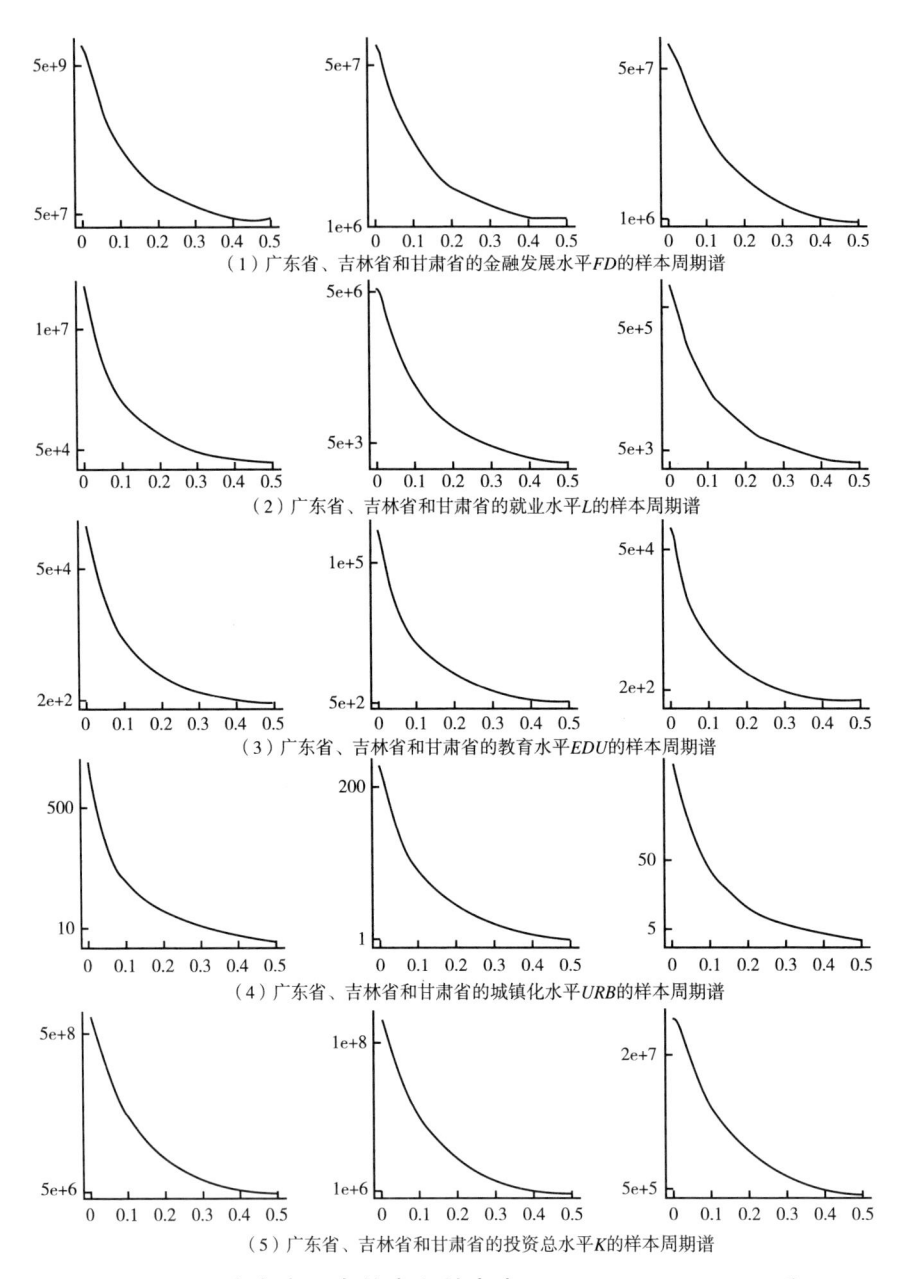

(5) 广东省、吉林省和甘肃省的投资总水平 K 的样本周期谱

图 7-3 广东省、吉林省和甘肃省 FD、L、EDU、URB 和 K 的样本周期谱

注：本图中横轴均为频率，纵轴均为谱值。

如图 7-3 所示，广东省、吉林省和甘肃省的金融发展水平变量、就业水平变量、教育水平变量、城镇化水平变量和投资总水平变量均无周期性变动特征。这说明它们的变动具有大致相同的趋势，有必要进一步分析金融发展水平对就业水平的影响程度及差异性。

7.2.2 基于平方相干函数的金融发展对就业影响的测度

为了进一步分析广东省、吉林省和甘肃省的金融发展水平变量、教育水平变量、城镇化水平变量和投资总水平变量对就业的影响关系，本书利用了平方相干函数，在频域上给出广东省、吉林省和甘肃省以上变量和就业的相关性。由它们的交叉谱分析结果可知，不论在高频率处还是在低频率处，广东省、吉林省和甘肃省的金融发展水平、教育水平和城镇化水平和投资总水平对就业都显著地存在正向的影响关系。

7.2.3 基于相谱的金融发展对就业影响的测度

接下来，分别给出广东省、吉林省和甘肃省的金融发展水平、教育水平、城镇化水平和投资总水平与就业水平的相谱图，以便在不同的频域上，分别解释广东省、吉林省和甘肃省的金融发展水平、教育水平、城镇化水平和投资总水平对就业的影响关系。三省的相谱如图 7-4 所示。

由图 7-4（1）广东省、吉林省和甘肃省的金融发展水平与就业的相谱，直观地看到，从频域的视角来看，不管是在低频还是在高频时，广东省、吉林省和甘肃省的金融发展水平的变动都大致领先于就业的变动。然而，在其他一些频率处时，广东省、吉林省和甘肃省的金融发展水平的变动和就业变动的关系存在或者领先或者

（1）广东省、吉林省和甘肃省的金融发展水平与就业的相谱

（2）广东省、吉林省和甘肃省的教育水平与就业的相谱

（3）广东省、吉林省和甘肃省的城镇化水平与就业的相谱

（4）广东省、吉林省和甘肃省的投资总水平与就业的相谱

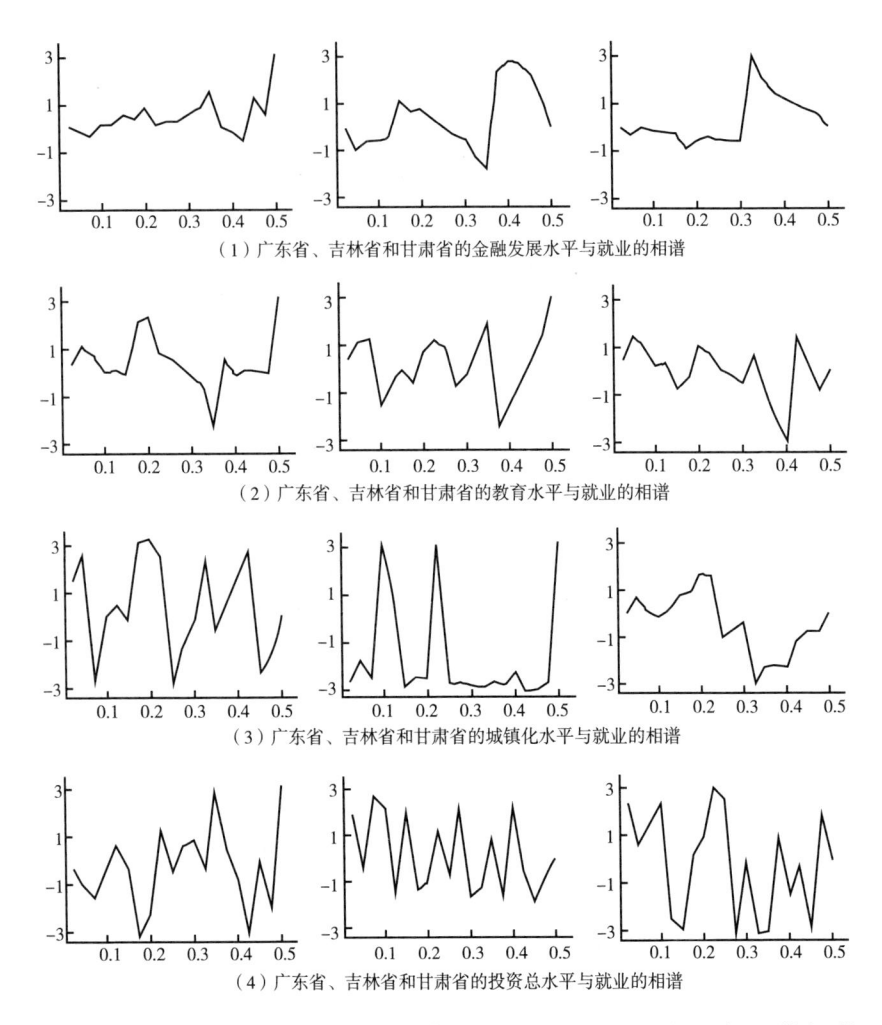

图7-4　广东省、吉林省、甘肃省 *FD*、*EDU*、*URB* 和 *K* 与 *L* 的相谱

注：本图横轴均为频率，纵轴均为交叉值。

滞后的关系。即在频域上，金融发展水平的变动对就业水平的变动影响关系存在领先或者滞后的不稳定性。经济含义为，从长期来看，广东省、吉林省和甘肃省的金融发展水平的提高会促进就业水平的提高。在短期来看，企业融资约束的减缓能创造更多的就业岗位，从而增加就业。可是不同的省份，这种影响程度存在一定的差

异性。但从其他一些频率上来看，它们的领先或者滞后关系存在多变性和差异性。这还需要本书做进一步的分析。

由图7-4（2）广东省、吉林省和甘肃省的教育水平与就业的相谱，直观地看到，在低频时，广东省和吉林省的教育水平的变动都大致领先于就业的变动，而甘肃省的教育水平的变动对就业变动的领先不是很明显。在其他一些频率处时，广东省、吉林省、甘肃省的教育水平的变动和就业变动的关系存在或者领先或者滞后的关系。即在频域上，教育水平的变动对就业水平的变动影响关系存在领先或者滞后的不稳定性。经济含义为，广东省和吉林省的教育水平的提高使得就业水平提高了。但是，甘肃省的教育水平的提高对就业水平的提高影响并不显著。这个大致说明我国各省份劳动者教育水平的提高，使劳动力加强了寻找到更多更好就业岗位的能力。这也符合我国教育促进就业的政策。这些年我国政府实施的九年义务教育等政策，对促进就业是非常有效的。相比而言，东部经济发达地区和中部较发达地区，教育水平的提高对就业影响更显著，而西部地区的影响相对不显著。这也说明了，东部和中部地区的人们更加重视对后代的教育以及自身教育水平的提高。相对而言，我国西部的教育水平、教育资源和对教育的重视程度等方面都比较弱，这可能是西部地区教育水平对就业影响不显著的原因。另外，在高频时，我国各省份的教育水平变动均领先于就业的变动。经济解释为，在短期来看，劳动者教育水平的提高，也有助于解决结构性失业，进而促进就业。劳动者接受类似于短期培训和职业教育，来提高自身教育水平，同样可以使其更快找到合适的工作岗位。因此，本书认为我国各省份的职业教育和相关职业类的短期培训对促进就业也是有效的。

由图7-4（3）广东省、吉林省和甘肃省的城镇化水平与就业的相谱，从频域的视角来看，我国不同区域的城镇化水平对就业的影响存在显著的差异性。一方面，在低频时，吉林省城镇化水平的变动领先于就业水平的变动。但是广东省和甘肃省的城镇化水平的变动基本是同步或者滞后于就业水平的变动。可能的经济解释是，从长期来看，城镇化水平的不断提高，使更多的农民成为需要寻找工作岗位的劳动者，应运而生的私营企业和个体户企业的数目不断增加，从而使得全社会的就业水平得到提升。当然，这也反映出我国城镇化水平整体不高的问题，城镇化使大量的农民成为待业的劳动力，但是社会还没有做好能及时容纳这么多就业者的准备工作，使得劳动者不能及时找到工作。相对而言，吉林省的城镇化能超前于就业水平的提高，说明在城镇化过程中，提前布局创造了更多的就业岗位。而广东省和甘肃省的城镇化滞后于就业水平的提高，说明在提前创造更多就业岗位能力方面还有待提高。总之，城镇化水平对就业的影响关系还有待进一步的分析。

由图7-4（4）广东省、吉林省和甘肃省的投资总水平与就业的相谱，从频域的视角来看，我国不同区域的总投资水平对就业存在正向的影响关系。自改革开放以来，政府在促进经济增长的过程中，一直采用了增加投资的方式。显然，总投资的增加不仅对经济增长是有益的，而且对促进就业也是有益的。在政府增加投资时，主要会增加基础建设的投资，比如铁路、公路和机场等，而这个投资建设项目的实施，在增加一些人就业的同时，一定会带动比如钢铁等相关产业的发展，进一步使得相关企业增加产出并创造更多的劳动力需求，从而促进就业。因此，不管是经济发达的东部地区还是欠发达的西部地区，总投资的增加都能或多或少地拉动就业。

7.2.4 基于小波分析的金融发展对就业影响的测度

在以上分析的基础上，本书在频域上大致地分析了金融发展对就业的影响。为了在不同的频域上，更精确地测度金融发展对就业的影响。本书首先利用小波变换，把各个变量分解在短周期、中周期和长周期上。其次，在不同的周期上，基于相关的计量模型，测度金融发展水平对就业水平的影响。最后，分析在不同的周期上，金融发展对就业影响的差异性。

(1) 利用 Matlab 软件，对金融发展水平、教育水平、城镇化水平和就业水平，基于 Daubechies 小波系 db4 作为基底进行小波分解。第一层主要是去除随机变动因素和不规则变动因素。而第二层和第三层是去除了随机变动因素、不规则变动因素和长期变动趋势的部分。因此，本书把第二层定义为短周期波动；第三层定义为中周期波动；小波分解后的剩余项为趋势项，将其定义为长周期。于是，得到序列金融发展水平、教育水平、城镇化水平和就业水平变量在各个周期上的值。

(2) 在各个周期分量上，建立金融发展影响就业的相关模型，模型估计结果如表 7-2 所示。

表 7-2　各个周期上金融发展对就业影响的模型估计

(1) 广东省短周期波动所对应的模型

变量	系数	标准差	t 统计量	P 值
C	-0.756727	3.175923	-0.238270	0.8132
FD	-0.076479	0.010723	-7.132516	0.0000
EDU	-19.31842	4.174262	-4.627984	0.0001
URB	28.32342	7.822434	3.620793	0.0010
K	0.133280	0.019301	6.905425	0.0000

(2) 吉林省短周期波动所对应的模型

变量	系数	标准差	t统计量	P值
C	-0.765495	2.984411	-0.256498	0.7992
FD	-0.216147	0.076848	-2.812673	0.0083
EDU	2.551796	0.711228	3.587873	0.0011
URB	7.202644	11.98441	0.601001	0.5521
K	0.310187	0.107779	2.877975	0.0071

(3) 甘肃省短周期波动所对应的模型

变量	系数	标准差	t统计量	P值
C	-0.374019	3.099044	-0.120688	0.9047
FD	-0.243185	0.093568	-2.599020	0.0140
EDU	4.842578	2.364850	2.047731	0.0489
URB	31.17007	17.55903	1.775159	0.0854
K	0.672357	0.248374	2.707032	0.0108

(4) 广东省中周期波动所对应的模型

变量	系数	标准差	t统计量	P值
C	-1.304079	2.080103	-0.626930	0.5350
FD	-0.005959	0.000769	-7.751387	0.0000
EDU	3.890753	1.452935	2.677857	0.0115
URB	67.13422	9.420794	7.126174	0.0000

(5) 吉林省中周期波动所对应的模型

变量	系数	标准差	t统计量	P值
C	-1.657112	3.086671	-0.536860	0.5950
FD	0.055307	0.013821	4.001756	0.0003
EDU	7.465212	1.327515	5.623448	0.0000
K	0.234636	0.055294	4.243432	0.0002

（6）甘肃省中周期波动所对应的模型

变量	系数	标准差	t统计量	P值
C	-4.328072	3.781575	-1.144516	0.2604
FD	0.058582	0.013363	4.383972	0.0001
URB	-14.81974	5.491261	-2.698786	0.0108

（7）广东省长期趋势所对应的模型

变量	系数	标准差	t统计量	P值
C	1176.467	19.48920	60.36506	0.0000
FD	-0.645541	0.012429	-51.93743	0.0000
EDU	69.70165	1.277760	54.54990	0.0000
URB	42.48702	0.505669	84.02145	0.0000
K	1.432940	0.027202	52.67815	0.0000

（8）吉林省长期趋势所对应的模型

变量	系数	标准差	t统计量	P值
C	1115.082	144.9187	7.694536	0.0000
FD	0.513521	0.095779	5.361522	0.0000
EDU	-12.17249	3.028584	-4.019202	0.0003

（9）甘肃省长期趋势所对应的模型

变量	系数	标准差	t统计量	P值
C	-458.3205	1.712347	-267.6563	0.0000
FD	0.030553	0.000609	50.13054	0.0000
EDU	-5.964263	0.012780	-466.6777	0.0000
URB	87.19121	0.097844	891.1207	0.0000
K	-0.124903	0.000784	-159.2681	0.0000

由表7-2可知，一方面，总体来说，金融发展对就业存在显著的影响关系。其他控制变量在不同的维度上对就业影响显著性存在一定的差异。另一方面，从短周期波动、中周期波动和长周期趋势三个不同的维度来看，我国金融发展对就业的影响存在显著的地区差异性。

由表7-2（1）可知，广东省的金融发展水平的波动对就业的波动存在显著的负向影响关系，对应t检验的P值为0.00。教育水平的波动对就业的波动存在显著的负向影响关系，对应t检验的P值为0.00。而城镇化水平的波动对就业的波动存在的正向影响关系，对应t检验的P值为0.00。总投资水平的波动对就业的波动存在正向影响关系，对应t检验的P值为0.00。从短周期波动来看，在其他变量保持不变的情况下，广东省金融发展水平每正向波动一个单位，平均来说，对就业波动的影响是-0.08个单位。

由表7-2（2）可知，吉林省的金融发展水平的波动对就业的波动存在显著的负向影响关系，对应t检验的P值为0.01。教育水平的波动对就业的波动存在显著的正向影响关系，对应t检验的P值为0.00。而城镇化水平的波动对就业的波动存在不显著的负向影响关系，对应t检验的P值为0.55。总投资水平的波动对就业的波动存在的正向影响关系，对应t检验的P值为0.01。从短周期波动来看，在其他变量保持不变的情况下，吉林省金融发展水平每正向波动一个单位，平均来说，对就业的波动的影响是-0.22个单位。

由表7-2（3）可知，甘肃省的金融发展水平的波动对就业的波动也存在显著的负向影响关系，对应t检验的P值为0.01。教育水平的波动对就业的波动存在不显著的正向影响关系，对应t检验的 P 值为 0.05。而城镇化水平的波动对就业的波动存在不显著的正向影响关系，对应 t 检验的 P 值为 0.09。总投资水平的波动对就业的波动存在的正向影响关系，对应 t 检验的 P 值为 0.01。从短周期波动来看，在其他变量保持不变的情况下，甘肃省金融发展水平每正向波动一个单位，平均来说，对就业的波动的影响是 -0.24 个单位。

综上所述，广东省、吉林省和甘肃省在短周期波动上，金融发展水平的波动对就业的波动均存在负向影响关系，且在影响程度上存在显著差异。可能的经济含义解释是，一方面，从短周期波动来看，金融发展的波动对就业的波动存在负向影响。主要是因为，宏观金融发展水平的提高导致企业融资约束的缓解，但从短期来看，企业更侧重于技术改进和其他方面条件的改善，并没有去创造更多空缺的岗位，甚至因为技术替代等因素反而使就业人数减少。另一方面，我国东部、中部和西部地区，短期金融发展的波动对就业的波动的负向影响程度存在差异性。呈现东部、中部和西部地区的就业的波动负向影响逐步增加的趋势。可能的原因是，东部地区企业的技术水平相对较高，而中部和西部地区企业的技术水平相对较低。因此，在融资约束得到缓解的短期来看，中部和西部地区企业更趋向于利用先进的技术替代劳动力，导致更多的工人下岗。

由表 7-2（4）可知，广东省的金融发展水平的波动对就业的波动存在显著的负向影响关系，对应 t 检验的 P 值为 0.00。教育水平的波动对就业的波动存在显著的正向影响关系，对应 t 检验的 P 值为 0.01。而城镇化水平波动对就业的波动存在正向影响关系，对应 t 检验的 P 值为 0.00。从中周期波动来看，在其他变量保持不变的情况下，广东省金融发展水平每正向波动一个单位，平均来说，对就业的波动的影响是 -0.01 个单位。

由表 7-2（5）可知，吉林省的金融发展水平的波动对就业的波动存在显著的正向影响关系，对应 t 检验的 P 值为 0.00。教育水平的波动对就业的波动存在显著的正向影响关系，对应 t 检验的 P 值为 0.00。总投资水平的波动对就业的波动存在正向影响关系，对应 t 检验的 P 值为 0.00。从短周期波动来看，在其他变量保持不变的情况下，吉林省金融发展水平每正向波动一个单位，平均来说，对就业的波动的影响是 0.06 个单位。

由表 7-2（6）可知，甘肃省的金融发展水平的波动对就业的波动存在显著的正向影响关系，对应 t 检验的 P 值为 0.00。而城镇化水平波动对就业的波动存在显著的正向影响关系，对应 t 检验的 P 值为 0.01。从短周期波动来看，在其他变量保持不变的情况下，甘肃省金融发展水平每正向波动一个单位，平均来说，对就业的波动的影响是 0.06 个单位。

综上所述，在中周期波动上，广东省的金融发展水平的波动对就业的波动存在负向影响关系，而吉林省和甘肃省的金融发展水平的波动对就业的波动存在正向影响关系。可能的经济含义解释是，从中周期波动来看，广东省的金融发展的波动对就业的波动存在负向影响。主要是因为，一方面，广东省作为经济发达地区，随着宏观金融发展水平的提高，导致广东省企业融资约束缓解的同时，该地区的企业仍然更侧重于技术改进和其他方面条件的改善，并没有去创造更多空缺岗位，甚至因为技术替代和资本替代等因素使得就业人数减少。另一方面，吉林省和甘肃省作为经济发展中和欠发达的地区，该地区的中周期金融发展的波动对就业的波动存在正向影响关系。可能的原因是，中部和西部地区企业的经济发展水平相对较低，大多数企业仍然是劳动密集型的。因此，在宏观金融发展水平提高时，导致该地区企业的融资约束得到缓解的同时，该地区企业更趋向于创造更多的空缺岗位，从而促进了更多劳动力的就业。

由表7-2（7）可知，广东省的金融发展的长期趋势对就业的长期趋势存在显著的负向影响关系，对应 t 检验的 P 值为 0.00。教育水平的长期趋势对就业的长期趋势存在显著的正向影响关系，对应 t 检验的 P 值为 0.00。城镇化的长期趋势对就业的长期趋势也存在正向影响关系，对应 t 检验的 P 值为 0.00。总投资的长期趋势对就业的长期趋势也存在正向影响关系，对应 t 检验的 P 值为 0.00。从长期趋势来看，在其他变量保持不变的情况下，广东省金融发展的长期趋势每正向增加一个单位，平均来说，对就业的长期趋势的影响是 -0.65 个单位。

由表7-2（8）可知，吉林省的金融发展的长期趋势对就业的长期趋势存在显著的正向影响关系，对应 t 检验的 P 值为 0.00。教育水平的长期趋势对就业的长期趋势存在显著的负向影响关系，对应 t 检验的 P 值为 0.00。从长期趋势来看，在其他变量保持不变的情况下，吉林省的金融发展的长期趋势每正向增加一个单位，平均来说，对就业长期趋势的影响是 0.51 个单位。

由表7-2（9）可知，甘肃省的金融发展的长期趋势对就业的长期趋势存在显著的正向影响关系，对应 t 检验的 P 值为 0.00。教育水平的长期趋势对就业的长期趋势存在显著的负向影响关系，对应 t 检验的 P 值为 0.00。城镇化的长期趋势对就业的长期趋势存在显著的正向影响关系，对应 t 检验的 P 值为 0.00。总投资的长期趋势对就业的长期趋势存在负向影响关系，对应 t 检验的 P 值为 0.00。从长期趋势来看，在其他变量保持不变的情况下，甘肃省的金融发展长期趋势每正向增加一个单位，平均来说，对就业的长期趋势的影响是 0.03 个单位。

综上所述，在长期趋势上，广东省的金融发展的长期趋势对就业的长期趋势存在负向影响关系，而吉林省和甘肃省的金融发展的长期趋势对就业的长期趋势存在正向影响关系。可能的经济含义解释是，从长期趋势来看，一方面，广东省作为经济发达地区，宏观金融发展水平的提高使得广东省企业的融资约束得到缓解，该地区的企业大多为高技术含量和资本密集型的，所以，随着融资环境的改善，该地区的企业更侧重于技术的研发等，技术替代和资本替代等因素导致就业人数减少。另一方面，吉林省和甘肃省作为经济发展中和欠发达的地区，该地区的企业大多是劳动密集型的。因此，当宏观金融发展水平提高时，该地区企业的融资约束得到缓解，导致该地区企业因为趋利而更愿意创造更多的空缺岗位，从而促进了更多劳动力的就业。

7.3　企业层面金融发展对就业影响的周期差异性分析

本书第 6 章针对国有制造业企业和私营制造业企业，测度了它们的融资约束对就业的影响关系及其差异性。在已有文献的基础上，本章选择的被解释变量、解释变量以及控制变量如下。

被解释变量：国有和私营制造业企业就业水平，分别用国有制造业企业就业人数、私营制造业企业就业人数来计算，记作 L_Guoyou 和 L_Siying。

解释变量：国有制造业企业的融资约束水平、私营制造业企业的融资约束水平，分别记作 FD_Guoyou 和 FD_Siying。

控制变量的选取如下。

（1）反映我国整体发展水平的国内生产总值，记作 GDP。

（2）反映我国整体金融市场发展环境的广义货币供给量，记作 $M2$。

（3）反映我国整体就业水平的就业总人数，即全社会就业水平，记作 L。

利用以上变量，从时域的视角，基于多元回归模型，测度国有制造业企业和私营制造业企业的融资约束对就业的长期影响关系和短期影响关系。

这里本书利用以上变量，从频域的视角，基于频域分析、小波变换和回归分析的方法，测度国有制造业企业和私营制造业企业的融资约束对就业的长期影响关系和短期影响关系等。首先，为了测度国有制造业企业、私营制造业企业的融资约束和就业变动是否具有共同的周期，本书利用样本谱来进行测度。其次，为了从不同的频域上，测度国有制造业企业和私营制造业企业的融资约束对就业的影响程度，本章利用平方相干函数和相谱方法来测度。最后，本章利用小波变换把相关的变量分解在不同的周期上，从短周期波动、中周期波动和长期趋势三个维度，测度国有制造业企业和私营制造业企业的融资约束对就业的影响以及差异性。

7.3.1 基于样本谱的金融发展水平和就业水平的主周期识别

针对国有制造业企业和私营制造业企业的融资约束水平、就业水平、广义货币供给量、国内生产总值和全社会就业水平，本书为了得到它们各自的样本谱来识别主周期，采用 AR 谱估计的方法。通过 AR（1）谱估计，得到了对应的样本周期谱，如图7-5所示。

（1）国有和私营制造业企业的融资约束水平的样本周期谱

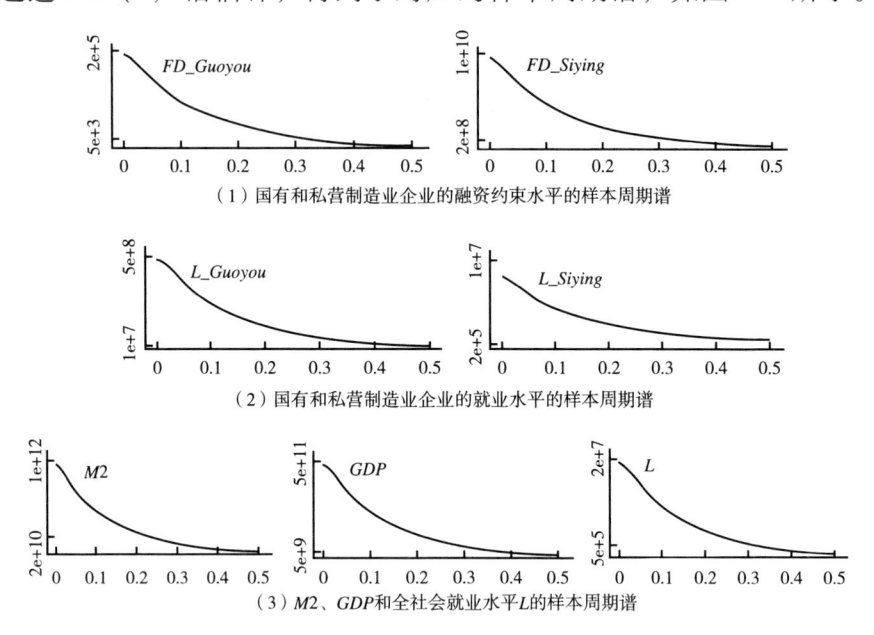

（2）国有和私营制造业企业的就业水平的样本周期谱

（3）$M2$、GDP和全社会就业水平L的样本周期谱

图7-5 相关变量的样本周期谱

如图7-5所示，国有和私营制造业企业的融资约束水平、就业水平以及货币供给量、国内生产总值、全社会就业水平均无周期性变动特征。这说明它们的变动具有相同的趋势，有必要进一步分析国有和私营制造业企业的融资约束水平对就业水平的影响程度。

7.3.2 基于平方相干函数的融资约束对就业影响的测度

为了进一步分析国有和私营制造业企业的融资约束水平、货币供给量、国内生产总值、全社会就业水平对国有和私营制造业企业就业的影响关系。下面利用平方相干函数，在频域上给出它们和就业的相关性。由它们的交叉谱分析结果知，不论是在高频率处还从低频率处来看，无论是国有制造业企业还是私营制造业企业，融资约束、货币供给量、国内生产总值和全社会就业水平对就业都显著地存在影响关系。

7.3.3 基于相谱的融资约束对就业影响的测度

接下来，分别给出国有制造业企业和私营制造业企业的融资约束变量、货币供给量、国内生产总值、全社会就业水平和对应就业水平的相谱图，以便在不同的频域上，分别解释国有和私营制造业企业融资约束水平、货币供给量、国内生产总值和全社会就业水平对就业的影响关系。图7-6为相关变量与就业水平的相谱。

图7-6（1）国有和私营制造业企业的融资约束水平与就业水平的相谱，从频域的视角来看，不管是在低频处还是在高频处，私营制造业企业的融资约束的变动都领先于就业的变动。在低频时，国有制造业企业的融资约束的变动领先于就业的变动。另外，在其他一些频率处时，国有制造业企业和私营制造业企业的融资约束的变动与就业水平变动的关系存在或者领先或者滞后的关系。即在频域上，国有制造业企业和私营制造业企业的融资约束的变动对就业水平的变动影响关系存在领先或者滞后的不稳定性。经济含义为，一方面，我国私营制造业企业在容纳就业中起到了重要的作用。即我国私营制造业企业更多的是劳动密集型的，随着私营制造业企业的融资约束的缓解，其更倾向于增加更多的空缺岗位，从而有效地增加就业水平。另一方面，我国国有制造业企业大多是高技术含量和资本密集型企业，因此随着它们的融资约束的缓解，它们会更多地投资于高技术的开发和研发中，进而压缩了就业岗位，从而导致就业岗位的减少，致使就业水平下降。

(1) FD与国有和私营制造业企业就业水平的相谱

(2) M2与国有和私营制造业企业就业水平的相谱

(3) GDP与国有和私营制造业企业就业水平的相谱

(4) L与国有和私营制造业企业就业水平的相谱

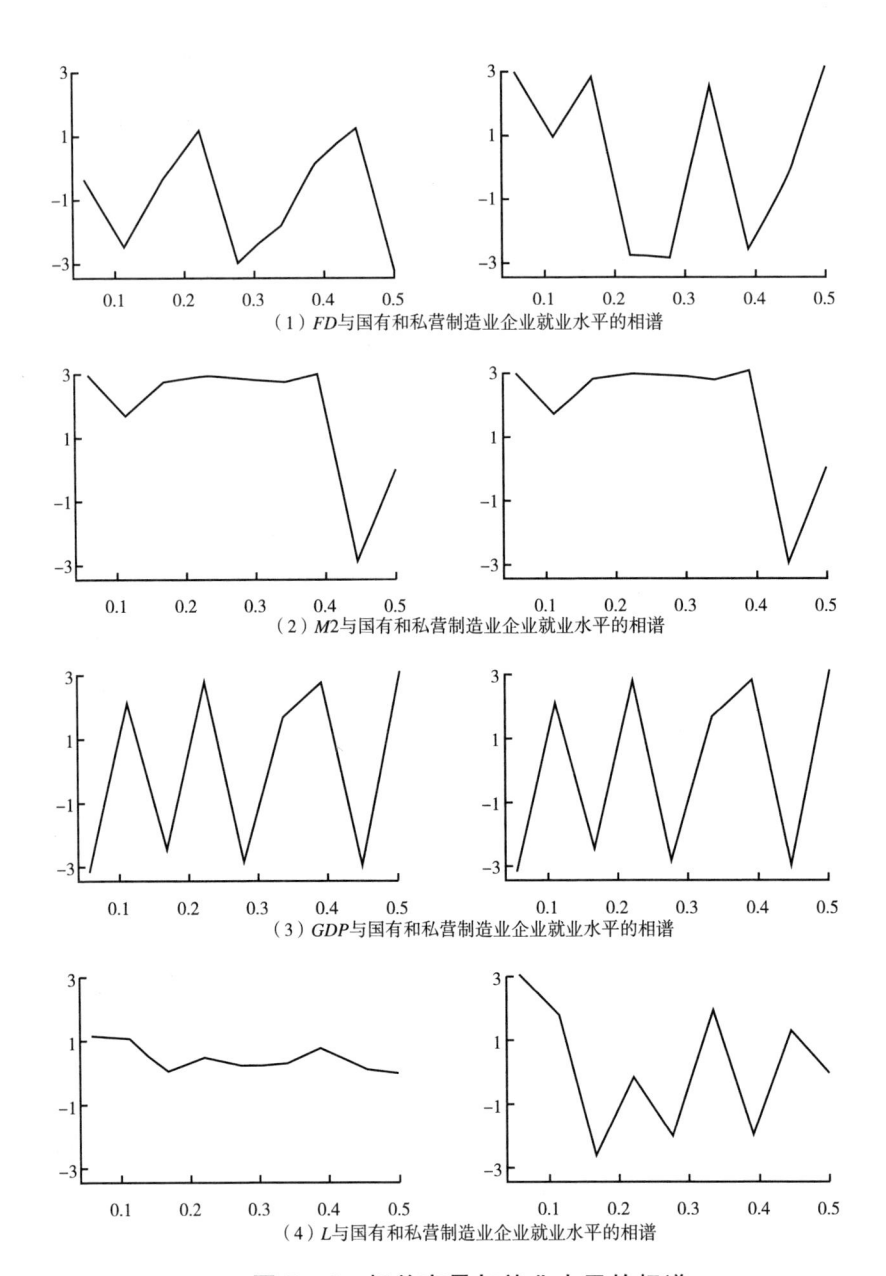

图7-6 相关变量与就业水平的相谱

注：本图中横轴均为频率，纵轴均为交叉值。

图7-6（2）广义货币供给量 M2 与国有和私营制造业企业的就业水平的相谱，从频域的视角来看，在高频时，广义货币供给量

的变动领先于国有和私营制造业企业就业的变动。在低频时，广义货币供给量的变动滞后于国有和私营制造业企业就业的变动。经济含义为，一方面，从短周期波动来看，扩张的货币政策能够缓解企业的融资约束，增加企业的投资，进而创造更多的就业岗位，促进就业。另一方面，从长周期波动来看，扩张的货币政策只具有短期拉动就业的作用，没有长期拉动就业的作用。这与扩张的货币政策对经济的增长有短期效用而无长期效应是类似的。

图7-6（3）国内生产总值 GDP 与国有和私营制造业企业的就业水平的相谱，从频域的视角来看，在高频时，GDP 的变动滞后于国有和私营制造业企业就业的变动。在低频时，GDP 的变动超前于国有和私营制造业企业就业水平的变动。经济含义为，一方面，从短周期波动来看，国有和私营制造业企业就业的增加，有效增加产出，从而促进了我国 GDP 的增加。另一方面，从长周期波动来看，GDP 的增加，能有效地促进国有和私营制造业企业的就业。这与我国政府定制的国内生产总值保持在6.5%左右的增长率，才能保证我国较充分的就业水平的目标，是基本一致的。

图7-6（4）全社会就业水平与国有和私营制造业企业的就业水平的相谱，从频域的视角来看，不管是在高频处还是在低频处，全社会就业水平的变动基本上都是超前于国有制造业企业就业的变动。而全社会就业水平的变动和私营制造业企业就业的变动，呈现了一定超前或者滞后的关系。经济含义为，一方面，对国有制造业企业的就业变动而言，因为已有的国有制造业企业大多是高精尖的企业，或者资本密集型的企业，它在全社会就业水平提高中的贡献相对不是很大。另一方面，对私营制造业企业的

就业变动而言，因为我国已有私营制造业企业大多是劳动密集型的企业，它在全社会就业水平提高中的贡献较大。因此，政府要采取针对私营企业尤其是微小企业的优惠扶持政策，这对促进我国的有效就业是至关重要的。

7.3.4 基于小波分析的融资约束对就业影响的测度

在以上谱分析的基础上，本书在频域上大致地分析了我国制造业企业和私营制造业企业的融资约束对就业的影响。为了在不同的频域上，更精确地测度融资约束对就业的影响，首先，利用小波变换，把各个变量分解在短周期、中周期和长周期上；其次，在不同的周期上，基于相关的计量模型，测度金融发展水平对就业水平的影响；最后，分析在不同的周期上，金融发展水平对就业水平影响的差异性。

(1) 利用 Matlab 软件，对国有制造业和私营制造业企业的融资约束水平、就业水平、我国的广义货币供给量、国内生产总值和全社会就业水平，基于 Daubechies 小波系中的 db4 作为基底进行小波分解。第一层主要是去除随机变动因素和不规则变动因素。而第二层和第三层是去除了随机变动因素、不规则变动因素和长期变动趋势的部分。因此，本书把第二层定义为短周期波动，第三层定义为中周期波动，小波分解后的剩余项为趋势项，将其定义为长周期。于是，得到序列国有制造业企业和私营制造业企业的融资约束水平与就业水平、我国的广义货币供给量、国内生产总值和全社会就业水平在各个周期上的值。

(2) 在各个周期分量上，建立不同所有制制造业企业的融资约束影响就业的相关模型，模型估计结果如表 7-3 所示。

表7-3　各个周期上不同所有制企业的融资约束对就业影响的模型估计

（1）国有制造业企业的短周期波动所对应的模型

变量	系数	标准差	t统计量	P值
C	0.163201	0.831120	0.196362	0.8471
FD_Guoyou	0.004969	0.000306	16.24349	0.0000
L	-0.061593	0.004767	-12.92074	0.0000

（2）私营制造业企业的短周期波动所对应的模型

变量	系数	标准差	t统计量	P值
C	0.255682	1.905412	0.134187	0.8955
FD_Siying	0.017173	0.001229	13.97874	0.0000
M2	1.94E-05	0.000125	0.155001	0.8794
GDP	7.34E-05	0.000318	0.230777	0.8214
L	0.331692	0.011976	27.69648	0.0000

（3）国有制造业企业的中周期波动所对应的模型

变量	系数	标准差	t统计量	P值
C	0.283571	0.077304	3.668261	0.0032
FD_Guoyou	0.000821	4.78E-05	17.16427	0.0000
M2	-2.81E-05	6.17E-06	-4.556272	0.0007
GDP	0.000677	3.44E-05	19.68044	0.0000
L	-0.074357	0.001453	-51.18550	0.0000

（4）私营制造业企业的中周期波动所对应的模型

变量	系数	标准差	t统计量	P值
C	2.128104	0.580082	3.668626	0.0032
FD_Siying	0.089173	0.001663	53.62001	0.0000
M2	-0.003965	9.82E-05	-40.39211	0.0000
GDP	0.003156	0.000115	27.37795	0.0000
L	0.337120	0.010310	32.69696	0.0000

(5) 国有制造业企业的长期趋势所对应的模型

变量	系数	标准差	t统计量	P值
C	846.0524	2.209573	382.9031	0.0000
FD_Guoyou	-0.007821	0.000101	-77.09922	0.0000
M2	-0.000257	1.24E-06	-206.5306	0.0000

(6) 私营制造业企业的长期趋势所对应的模型

变量	系数	标准差	t统计量	P值
C	-52142.27	24.42763	-2134.562	0.0000
FD_Siying	0.002051	1.35E-05	151.9007	0.0000
L	0.738187	0.000331	2228.833	0.0000

由表7-3可知，一方面，总体来说，国有制造业企业和私营制造业企业的融资约束对就业影响存在显著的关系。其他控制变量在不同维度上对就业的影响显著性也存在一定的差异性。另一方面，从短周期波动、中周期波动和长周期趋势三个不同的维度来看，我国国有制造业企业和私营制造业企业的融资约束对就业的影响存在显著的差异性。

由表7-3（1）可知，国有制造业企业融资约束的短周期波动对就业的短周期波动存在显著的正向影响关系，对应t检验的P值为0.00。全社会就业水平的短周期波动对就业的短周期波动存在显著的负向影响关系，对应t检验的P值为0.00。从短周期波动来看，在其他变量保持不变的情况下，国有制造业企业融资约束每正向波动一个单位，平均来说，对就业波动的影响是0.005个单位。

由表7-3（2）可知，私营制造业企业融资约束的短周期波动对就业的短周期波动存在显著的正向影响关系，对应t检验的P值为 0.00。广义货币供给量 $M2$ 的短周期波动对就业的短周期波动存在不显著的正向影响关系，对应 t 检验的 P 值为 0.88。国内生产总值 GDP 的短周期波动对就业的短周期波动存在不显著的正向影响关系，对应 t 检验的 P 值为 0.82。全社会就业水平对就业的短周期波动存在显著的正向影响关系，对应 t 检验的 P 值为 0.00。从短周期波动来看，在其他变量保持不变的情况下，私营制造业企业融资约束每正向波动一个单位，平均来说，对就业波动的影响是 0.02 个单位。

综上所述，国有制造业企业和私营制造业企业在短周期波动上，融资约束的波动对就业的波动均存在正向影响关系，且在影响程度上存在显著差异性。可能的经济含义解释是，一方面，从短周期波动来看，国有制造业企业和私营制造业企业融资约束的波动对就业的波动都存在正向的影响。主要是因为，随着企业融资约束的缓解，企业或多或少都会创造新的空缺岗位，从而使得就业人数增加。另一方面，我国国有制造业企业大多是资本密集型的企业，因此在融资约束得到缓解的情形下，不会增加太多的就业岗位。相对而言，我国私营制造业企业大多是劳动密集型的，因此在融资约束得到缓解的情形下，会更多地增加就业岗位。最终表现为，随着融资约束的缓解，私营制造业企业促进就业的能力强于国有制造业企业。

由表 7-3（3）可知，国有制造业企业融资约束的中周期波动对就业的中周期波动存在显著的正向影响关系，对应 t 检验的 P 值为 0.00。广义货币供给量 $M2$ 的中周期波动对就业的中周期波动存在显著的负向影响关系，对应 t 检验的 P 值为 0.00。国内生产总值 GDP 的中周期波动对就业的中周期波动存在显著的正向影响关系，对应 t 检验的 P 值为 0.00。全社会就业水平的中周期波动对就业的中周期波动存在显著的负向影响关系，对应 t 检验的 P 值为 0.00。从中周期波动上来看，在其他变量保持不变的情况下，国有制造业企业融资约束每正向波动一个单位，平均来说，对就业波动的影响是 0.001 个单位。

由表 7-3（4）可知，私营制造业企业融资约束的中周期波动对就业的中周期波动存在显著的正向影响关系，对应 t 检验的 P 值为 0.00。广义货币供给量 $M2$ 的中周期波动对就业的中周期波动存在显著的负向影响关系，对应 t 检验的 P 值为 0.00。国内生产总值 GDP 的中周期波动对就业的中周期波动存在显著的正向影响关系，对应 t 检验的 P 值为 0.00。全社会就业水平的中周期波动对就业的中周期波动存在显著的正向影响关系，对应 t 检验的 P 值为 0.00。从中周期波动来看，在其他变量保持不变的情况下，私营制造业企业融资约束每正向波动一个单位，平均来说，对就业波动的影响是 0.09 个单位。

综上所述，国有制造业企业和私营制造业企业在中周期波动上，融资约束的波动对就业的波动均存在正向的影响关系，且在影响程度上存在显著的差异性。可能的经济含义解释是，随着宏观金融发展水平的提高，微观层面的企业融资约束得到缓解，不管是国有制造业企业还是私营制造业企业，或多或少都会创造新的空缺岗位，从而使得就业人数增加。相比较而言，作为以资本密集型为主的国有制造业企业，从中周期来看，更侧重于在技术研发方面的投资，加快企业的转型升级。而作为劳动密集型的我国私营制造业企业，从中周期来看，为了增加产量，较多地采用了创造更多就业岗位的方式。从而，私营制造业企业促进就业的能力要强于国有制造业企业。

由表7-3（5）可知，国有制造业企业融资约束的长期趋势对就业的长期趋势存在显著的负向影响关系，对应 t 检验的 P 值为 0.00。广义货币供给量 $M2$ 的长期趋势对就业的长期趋势存在显著的负向影响关系，对应 t 检验的 P 值为 0.00。从长期趋势来看，在其他变量保持不变的情况下，国有制造业企业融资约束每正向波动一个单位，平均来说，对就业波动的影响是 -0.01 个单位。

由表7-3（6）可知，私营制造业企业融资约束的长期趋势对就业的长期趋势存在显著的正向影响关系，对应 t 检验的 P 值为 0.00。全社会就业水平的长期趋势对就业的长期趋势存在显著的正向影响关系，对应 t 检验的 P 值为 0.00。从长期趋势来看，在其他变量保持不变的情况下，私营制造业企业融资约束每正向波动一个单位，平均来说，对就业波动的影响是 0.002 个单位。

综上所述，国有制造业企业和私营制造业企业在长期趋势上，融资约束的长期趋势对就业的长期趋势均存在显著的影响关系，且在影响关系和程度上存在显著的差异性。可能的经济含义解释是，随着宏观金融发展水平的提高，微观层面的企业融资约束得到缓解。作为以资本密集型为主的国有制造业企业，从长期趋势来看，更侧重于在技术研发方面的投资，加快企业的转型升级，使得就业人数减少。而作为以劳动密集型为主的我国私营制造业企业，从长期趋势来看，为了增加产量，在创造更多就业岗位的同时，也对技术研发等方面进行了一定的投资，使得私营制造业企业的融资约束的缓解在促进就业方面的作用越来越小。即随着金融发展水平的提高，金融发展对促进就业的作用越来越小。

7.4 本章小结

鉴于频域分析侧重于从不同的频域上，分析变量的变动特征，这样能更有效地从短周期波动、中周期波动和长期趋势上，分析变量的变化特征。在频域分析里，通过计算各个变量的样本谱，来识别变量的变动主周期。通过计算两个变量的平方相干函数，从不同的频域上来测度变量之间的相关性。通过计算两个变量的相谱，从不同的频域上给出两个变量的变动关系是超前、滞后还是一致的关系。而且基于小波分析，可以具体地把变量分解在各个频域上，针对各个频域上的变量，可以在不同的频域上，基于各种计量模型，来测度变量之间的关系。总之，频域分析和小波分析，让本书更加精细和准确地测度金融发展对就业的影响关系及其差异性。因此，本章首先从频域分析的视角测度国家层面金融发展对就业的影响；其次，从频域分析的视角测度了金融发展对就业影响的地区差异性；最后，从频域分析的视角测度了国有和私营企业融资约束对就业影响差异性。实证结论如下。

第一，由国家层面的金融发展对就业影响的频域分析可知，在短周期波动、中周期波动和长期趋势上，我国金融市场的发展对就业的影响存在不同程度的影响关系。从短周期波动来看，金融发展的波动对就业的波动存在正的但较小的影响。主要是因为，随着宏观金融发展水平的提高，企业融资约束得到缓解，进而使得企业有创造更多空缺岗位的需求和能力，最后影响到我国就业总水平的变动。整个传导机制需要一定的时间来实现。从中期波动来看，金融发展的波动对就业的波动存在正的较大的影响关系；从长期趋势来看，金融发展的趋势项对就业水平的趋势项存在正的更大的影响关系。这说明，我国这些年来，金融市场的发展和繁荣对促进就业起到了非常重要的作用，也证明了我国政府实施的金融扶持促进就业的政策是非常合理的。

第二，针对地区层面的金融发展对就业影响的频域分析可知，在短周期波动、中周期波动和长期趋势上，不同经济发展程度的地区，随着金融发展水平的提高，对就业的影响程度也存在显著的区别。一方面，广东省作为经济发达地区，随着宏观金融发展水平的提高，企业的融资约束得到了缓解，而该地区的企业大多为高技术含量和资本密集型的，随着融资环境的缓解，企业更侧重于技术的研发等，由于技术替代和资本替代等因素导致就业人数减少。另一方面，吉林省和甘肃省作为经济发展中和欠发达地区，该地区的企业大多是劳动密集型的。因此，在宏观金融发展水平提高时，该地区企业的融资约束得到了缓解，使得该地区企业因为趋利而更愿意创造更多的空缺岗位，从而促进了更多劳动力的就业。

第三，针对不同所有制制造业企业的融资约束对就业影响的频域分析可知，在短周期波动、中周期波动和长期趋势上，国有制造业和私营制造业企业的融资约束对就业的影响关系存在显著的差异性。总体来说，随着宏观金融发展水平的提高，微观层面的企业融资约束得到缓解。作为以资本密集型为主的国有制造业企业，更侧重于在技术研发方面的投资，加快企业的转型升级，在促进就业方面的作用有限。而作为以劳动密集型为主的我国私营制造业企业，在促进就业方面的作用显著。同时也注意到，随着金融发展水平的不断提高，私营制造业企业在促进就业中的作用也是越来越小。

综上所述，基于频域分析的方法，从频域的维度测度了国家层面、地区层面以及不同所有制企业的融资约束的金融发展对就业的影响。这为我国政府全方位把握金融发展促进就业的能力提供了科学的依据，也为我国就业的金融扶持政策、我国西部大开发等地区差异化政策，以及对民营企业尤其是微小企业的优化扶持政策等，从促进就业的角度提供了科学的证据。

结　语

本书在已有研究理论和方法的基础上，利用国家层面、地区层面和不同所有制企业层面的数据，基于平滑转移向量自回归模型和面板数据模型等，详细地测度了我国金融发展对就业的影响及其差异性。包括分析了我国金融发展对就业的长期和短期影响，我国金融发展对就业影响的非对称性效应分析，我国金融发展对就业影响的地区差异性，我国金融发展对不同所有制企业就业影响的差异性，以及我国金融发展对就业影响的周期差异性等。本书的经验研究得出如下的结论。

（1）通过对我国国家层面的金融发展水平和就业水平的统计分析，可得我国金融发展水平和就业水平整体在不断提高，而且金融发展水平和就业水平存在较高的正向相关关系。一方面，基于多元回归模型，得到我国金融发展水平对就业存在显著的正向长期影响关系，这与第1章的理论结论是一致的。另一方面，基于误差修正模型，得到长期非均衡误差调整就业变动的非均衡状态，使得我国金融发展对就业存在正的短期影响关系。

（2）首先，基于附加融资约束的搜索匹配模型，阐述了金融发展对就业的影响。其次，利用我国国家层面的数据，基于以金融发展水平为转移变量的平滑转移向量自回归模型，测度了不同金融发展水平下，我国金融发展对就业影响的非对称性效应。实证结果表明：一方面，我国金融发展显著地促进了就业的增长；另一方面，随着金融发展水平的不同，金融发展对就业的影响存在显著差异性。而新常态下的我国经济，就面临着较高的金融发展水平和促进就业能力不足的情形。因此，为了更好地利用金融发展促进就业，我国政府需要从减轻中小微企业面临的融资约束的角度，推进我国金融体制的改革。从而，保障金融市场有效地服务实体经济的发展，包括有效地促进就业的增长。

（3）基于1979～2015年我国31个省份省级层面的面板数据，测度了我国各个省份金融发展水平对就业影响的差异性。认为如果只是针对全国的就业水平考察金融发展对就业的影响会掩盖其地区差异性。整体而言，我国金融发展对就业的影响存在显著的长期正向关系。进一步由短期误差修正模型可知，长期非均衡误差对就业水平的变动具有有效的调控作用，金融发展水平的变动对就业水平的变动存在显著的正影响关系。对我国东部、中部和西部地区而言，金融发展水平对就业水平都有显著的正向影响关系。同时，金融发展水平对就业的促进作用存在显著的差异性。因此，建议政府要进一步发展和规范现代化的金融市场，鼓励企业创造更多的就业岗位，有效提高我国的整体就业水平。同时需要关注我国东部、中部和西部地区的金融发展对就业影响关系的差异性，这样才能更有效地实现促进就业的目标。比如，已有的西部大开发战略、西部民族地区的优惠政策及正在实施的"丝绸之路经济带"建设等对西部地区的金融发展和促进就业都起到了积极的作用。

（4）为了测度金融发展对不同所有制企业就业影响的差异性。本书针对 2000~2016 年的年度数据，分别对国有制造业企业和私营制造业企业的数据构建了多元回归模型和误差修正模型。测度了我国国有制造业和私营制造业企业融资约束对就业的长期影响和短期影响关系。实证结论表明如下。从长期来看，一方面，我国国有制造业和私营制造业企业的融资约束均对就业水平存在正向的显著性影响；另一方面，我国国有制造业和私营制造业企业的金融发展对就业的影响程度存在一定的差异性。从短期来看，一方面，我国国有制造业和私营制造业企业融资约束的变动对就业水平的变动存在正向影响关系；另一方面，非均衡误差项对短期波动存在修正作用，使得国有制造业和私营制造业企业的融资约束对就业水平的长期影响存在正向关系。进而给出相关的政策建议如下：政府需要尽力释放金融市场的活力，不仅让国有制造业企业能够容易地获得融资，而且要让私营制造业企业能够越来越容易地获得融资。让金融扶持政策给企业带来更多的利好，让企业家更有积极性去创造更多的就业岗位，从而促进我国的就业。尤其是私营制造业企业在解决劳动力就业中起到了非常重要的作用，因此，政府应当给私营企业，尤其是中小微企业更多的金融扶持政策，充分发挥它们的优势，以便解决更多劳动力的就业。

（5）鉴于频域分析能更有效地从短周期波动、中周期波动和长期趋势上，分析变量的变化特征。本书首先从频域分析的视角测度了国家层面金融发展对就业的影响，其次，从频域分析的视角测度了金融发展对就业影响的地区差异性，最后，从频域分析的视角测度了国有企业和私营企业融资约束对就业影响的差异性。实证结果表明如下。第一，针对国家层面的金融发展对就业影响的频域分析可知，在短周期波动、中周期波动和长期趋势上，我国金融市场的发展对就业存在不同程度的影响关系。从短周期波动来看，金融发展的波动对就业的波动存在正的但较小的影响。主要是因为，随着宏观金融发展水平的提高，使得企业融资约束得到缓解，进而使得企业有创造更多空缺岗位的需求和能力，最后影响到我国就业总水平的变动。整个传导机制需要一定的时间来实现。从中期波动来看，金融发展的波动对就业的波动存在正的较大的影响关系。从长期趋势来看，金融发展的趋势项对就业水平的趋势项存在正的更大的影响关系。这说明，我国这些年来，金融市场的发展和繁荣对促进就业起到了非常重要的作用，也证明了我国政府实施的金融扶持促进就业的政策是非常合理的。第二，针对地区层面的金融发展对就业影响的频域分析可知，在短周期波动、中周期波动和长期趋势上，不同经济发展程度的地区，随着金融发展水平的提高，金融发展对就业的影响程度存在显著的差别。一方面，广东省作为经济发达地区，随着宏观金融发展水平的提高，导致广东省企业的融资约束得到缓解，而该地区的企业大多为高技术含量和资本密集型的，随着融资环境的缓解，该地区的企业更侧重于新技术的研发等，使得技术替代和资本替代等因素导致就业人数减少。另一方面，吉林省和甘肃省作为经济发展中和欠发达的地区，该地区的企业大多是劳动密集型的。因此，在宏观金融发展水平提高时，该地区企业的融资约束得到缓解，使得该地区企业因为趋利而更愿意创造更多的空缺岗位，从而促进了更多劳动力的就业。第三，针对不同所有制制造业企业的融资约束对就业影响的频域分析可知，在短周期波动、中周期波动和长期趋势上，国有制造业和私营制造业企业的融资约束对就业的影响关系存在显著的差异性。总体来说，随着宏观金融发展水平的提高，微观层面的企业融资约束得到缓解。作为资本密集型的国有制造业企业，更侧重于在新技术研发方面的投资，加快企业的转型升级，在促进就业方面的作用有限。而作为劳动密集型的我国私营制造业企业，在促进就业方面的作用显著。同时也注意到，随着金融发展水平的不断提高，私营制造业企业在促进就业中的作用也是越来越小。

参考文献

中文参考文献

[1] 白当伟：《金融发展中的国际贸易：理论与实证研究》，博士学位论文，复旦大学，2004。

[2] 白钦先、谭庆华：《论金融功能演进与金融发展》，《金融研究》2006年第7期。

[3] 蔡昉：《为什么"奥肯定律"在中国失灵——再论经济增长与就业的关系》，《宏观经济研究》2007年第1期。

[4] 蔡丰泽：《基于小波分析的金融高频数据波动率估计研究》，硕士学位论文，长春工业大学，2016。

[5] 曹珂：《中国金融发展与比较优势：外部融资视角》，博士学位论文，南开大学，2010。

[6] 曹啸、吴军：《我国金融发展与经济增长关系的格兰杰检验和特征分析》，《财贸经济》2002年第5期。

[7] 陈创练、庄泽海、林玉婷：《金融发展对工业行业资本配置效率的影响》，《中国工业经济》2016年第11期。

[8] 陈耿、刘星、辛清泉：《信贷歧视、金融发展与民营企业银行借款期限结构》，《会计研究》2015 年第 4 期。

[9] 陈磊、邵明振、张民涛：《我国物价波动区制转换及持续期依赖特征研究》，《数量经济研究》2012 年第 2 期。

[10] 陈梅、周申、何冰：《金融发展、融资约束和进口二元边际——基于多产品企业的研究视角》，《国际经贸探索》2017 年第 6 期。

[11] 陈明华、刘华军、孙亚男：《中国五大城市群金融发展的空间差异及分布动态：2003～2013 年》，《数量经济技术经济研究》2016 年第 7 期。

[12] 陈守东、杨东亮、赵晓力：《区域金融发展与区域经济增长——基于中国数据的实证分析》，《财贸经济》2008 年第 2 期。

[13] 陈雄兵、吕勇斌：《金融发展指数的构成要素及其国际比较》，《改革》2012 年第 8 期。

[14] 陈宇峰、俞剑、陈启清：《外部冲击与奥肯定律的存在性和非线性》，《经济理论与经济管理》2011 年第 8 期。

[15] 陈雨露：《金融发展中的政府与市场关系》，《经济研究》2014 年第 1 期。

[16] 程矗：《基于小波分析的金融时间序列风险度量值估计方法与实证研究》，硕士学位论文，暨南大学，2016。

[17] 邓凯旭、宋宝瑞：《小波变换在金融数据分析中的应用》，《数理统计与管理》2006 年第 2 期。

[18] 丁守海：《中国城镇发展中的就业问题》，《中国社会科学》2014 年第 1 期。

[19] 丁守海：《中国就业弹性究竟有多大？——兼论金融危机对就业的滞后冲击》，《管理世界》2009 年第 5 期。

[20] 董直庆、王林辉：《我国证券市场与宏观经济波动关联性：基于小波变换和互谱分析的对比检验》，《金融研究》2008 年第 8 期。

[21] 杜建卫、王超峰：《小波分析方法在金融股票数据预测中的应用》，《数学的实践与认识》2008 年第 7 期。

[22] 范丽：《基于互谱分析和频谱带回归的证券市场风险溢出研究》，硕士学位论文，湖南大学，2010。

[23] 方福前、孙永君：《奥肯定律在我国的适用性检验》，《经济学动态》2010 年第 12 期。

[24] 付卫艳：《金融发展、金融稳定与经济增长的关联机制与实证分析》，博士学位论文，吉林大学，2014。

[25] 韩晓娜、方行明：《劳动力供求形势转折之下的就业结构与产业结构调整》，《人口学刊》2013 年第 2 期。

[26] 侯建荣：《基于小波分析极大模方法的极端金融事件风险建模问题研究》，《中国管理科学》2012 年第 S1 期。

[27] 黄英伟、陈永伟：《金融发展与就业促进：理论和实证》，《劳动经济研究》2015 年第 1 期。

[28] 黄智淋、董志勇：《我国金融发展与经济增长的非线性关系研究——来自动态面板数据门限模型的经验证据》，《金融研究》2013 年第 7 期。

[29] 瞿慧、杨洋：《沪深 300 指数波动的多状态平滑转移异质自回归模型》，《统计与决策》2015 年第 9 期。

[30] 兰秋军、马超群、文凤华：《金融时间序列去噪的小波变换

方法》,《科技管理研究》2004年第6期。

[31] 李苗苗、肖洪钧、赵爽:《金融发展、技术创新与经济增长的关系研究——基于中国的省市面板数据》,《中国管理科学》2015年第2期。

[32] 李青原、赵奇伟、李江冰、江春:《外商直接投资、金融发展与地区资本配置效率——来自省级工业行业数据的证据》,《金融研究》2010年第3期。

[33] 李颖、林景润、高铁梅:《我国通货膨胀、通货膨胀预期与货币政策的非对称分析》,《金融研究》2010年第12期。

[34] 林秀梅、王磊:《我国经济增长与失业的非线性关系研究》,《数量经济技术经济研究》2007年第6期。

[35] 凌江怀、姚雪松:《金融发展对城镇就业的影响——基于中国省际面板数据的实证研究》,《华南师范大学学报》(社会科学版)2015年第1期。

[36] 刘书祥、曾国彪:《技术进步对中国就业影响的实证分析:1978—2006》,《经济学家》2010年第4期。

[37] 刘仙梅:《以"一带一路"战略为契机提升内蒙古中小企业吸纳就业能力》,《财经理论研究》2015年第4期。

[38] 马海英、王立勇:《我国第三产业周期稳定效应与就业吸纳效应研究》,《中国软科学》2009年第7期。

[39] 莫荣、周宵、孟续铎:《就业趋势分析:产业转型与就业》,《中国劳动》2014年第1期。

[40] 乔海曙、陈力:《金融发展与城乡收入差距"倒U型"关系再检验——基于中国县域截面数据的实证分析》,《中国农村经济》2009年第7期。

[41] 乔宇锋：《中国金融周期的时—频联合特征分析》，《金融理论与实践》2017年第12期。

[42] 饶华春：《中国金融发展与企业融资约束的缓解——基于系统广义矩估计的动态面板数据分析》，《金融研究》2009年第9期。

[43] 任栋、李萍、孙亚超：《中国失业率水平的适度调控目标区间研究——基于面板门限模型的实证分析》，《经济学家》2014年第2期。

[44] 沈红波、寇宏、张川：《金融发展、融资约束与企业投资的实证研究》，《中国工业经济》2010年第6期。

[45] 苏基溶、廖进中：《中国金融发展与收入分配、贫困关系的经验分析——基于动态面板数据的研究》，《财经科学》2009年第12期。

[46] 孙文凯：《中国近年来经济增长与就业增长间数量关系解释》，《经济理论与经济管理》2014年第1期。

[47] 唐力维：《产业结构优化与金融支持研究》，博士学位论文，西南财经大学，2013。

[48] 唐时达、巴曙松、侯敬雯：《金融结构、劳动力市场特征与就业——基于中国省际面板数据的实证研究》，《江淮论坛》2015年第2期。

[49] 田洪川、石美遐：《制造业产业升级对中国就业数量的影响研究》，《经济评论》2013年第5期。

[50] 汪卢俊：《STAR‑GARCH模型的理论与应用研究》，博士学位论文，南开大学，2014。

[51] 王成勇、艾春荣：《中国经济周期阶段的非线性平滑转换》，

《经济研究》2010年第3期。

［52］ 王君斌、王文甫：《非完全竞争市场、技术冲击和中国劳动就业——动态新凯恩斯主义视角》，《管理世界》2010年第1期。

［53］ 王少平：《如何认识平滑转移协整模型》，《管理学报》2014年第6期。

［54］ 卫庆敏：《基于小波分析的金融数据频域分析》，硕士学位论文，华东师范大学，2012。

［55］ 魏瑾瑞：《基于动态面板数据模型的失业与经济增长的再考察》，《中国经济问题》2012年第1期。

［56］ 肖强等：《我国FCI的构建及对宏观经济变量影响的非对称性》，《金融研究》2015年第8期。

［57］ 肖强：《金融类指数的构建与货币政策非对称性效应分析》，博士学位论文，吉林大学，2015。

［58］ 熊正德、文慧、熊一鹏：《我国外汇市场与股票市场间波动溢出效应实证研究——基于小波多分辨的多元BEKK - GARCH（1，1）模型分析》，《中国管理科学》2015年第4期。

［59］ 徐梅：《金融波动分析的小波和频域方法研究》，博士学位论文，天津大学，2004。

［60］ 徐梅、张世英：《基于小波分析的金融波动分析》，《系统工程理论与实践》2005年第2期。

［61］ 徐正国、张世英：《高频金融数据"日历效应"的小波神经网络模型分析》，《数学的实践与认识》2007年第15期。

［62］ 杨楠、马绰欣：《基于面板门槛模型的我国金融发展对城乡收入差距影响机制研究》，《数理统计与管理》2014年第3期。

［63］杨友才：《金融发展与经济增长——基于我国金融发展门槛变量的分析》，《金融研究》2014年第2期。

［64］叶仁荪、王光栋、王雷：《技术进步的就业效应与技术进步路线的选择——基于1990～2005年中国省际面板数据的分析》，《数量经济技术经济研究》2008年第3期。

［65］云航：《金融发展与经济增长内在关联与影响的经济计量分析》，博士学位论文，吉林大学，2006。

［66］曾志坚、范丽、左楠：《基于互谱分析的证券市场危机传染研究》，《财经理论与实践》2009年第6期。

［67］张车伟：《中国30年经济增长与就业：构建灵活安全的劳动力市场》，《中国工业经济》2009年第1期。

［68］张成思、李雪君：《基于全球视角的中国金融发展指数研究》，《金融研究》2012年第6期。

［69］张林：《基于小波的金融危机时点探测与多重分形分析》，《管理科学学报》2014年第10期。

［70］张燕、杨洋：《基于小波分析的金融时间序列消噪方法及应用》，《宁波大学学报》（理工版）2010年第3期。

［71］赵进文、闵捷：《央行货币政策操作效果非对称性实证研究》，《经济研究》2005年第2期。

［72］赵进文、苏明政：《劳动力市场分割、金融一体化与巴拉萨－萨缪尔森效应——基于省际面板平滑转换模型的检验》，《金融研究》2014年第1期。

［73］赵利、潘志远、王东霞：《城镇劳动就业影响因素的实证研究——基于主成分分析法和VAR模型的分析》，《宏观经济研究》2014年第5期。

[74] 赵杨、刘延平:《我国产业结构与就业结构的关联性分析》,《经济学动态》2010年第12期。

[75] 赵勇、雷达:《金融发展与经济增长:生产率促进抑或资本形成》,《世界经济》2010年第2期。

[76] 赵振全、于震、杨东亮:《金融发展与经济增长的非线性关联研究——基于门限模型的实证检验》,《数量经济技术经济研究》2007年第7期。

[77] 周博、严洪森:《基于小波和多维泰勒网动力学模型的金融时间序列预测》,《系统工程理论与实践》2013年第10期。

[78] 周天清:《基于奇异谱分析的金融时间序列自适应分解预测研究》,硕士学位论文,华东交通大学,2012。

[79] 朱轶、熊思敏:《技术进步、产业结构变动对我国就业效应的经验研究》,《数量经济技术经济研究》2009年第5期。

外文参考文献

[1] Acemoglu D., "Good jobs versus bad jobs," *Journal of labor Economics*, 2001, 19 (1).

[2] Aghion P., Fally T., Scarpetta S., "Credit constraints as a Barrier to the Entry and Post-entry Growth of Firms," *Economic policy*, 2007, 22 (52).

[3] Aterido R., Hallward-Driemeier M., Pag E. S. C., "Big Constraints to Small Firms' Growth? Business Environment and Employment Growth across Firms," *Economic Development and Cultural Change*, 2011, 59 (3).

[4] Attfield C. L., Silverstone B., "Okun's Coefficient: AComment," *Review of Economics and Statistics*, 1997, 79 (2).

[5] Ball L. M., Leigh D., Loungani P., "Okun's Law: Fit at Fifty?" National Bureau of Economic Research, 2013.

[6] Beck T., Demirguc-Kunt A., Levine R., "A New Database on the Structure and Development of the Financial Sector," *The World Bank Economic Review*, 2000, 14 (3).

[7] Beck T., Levine R., *A New Database on Financial Development and Structure* (World Bank Publications, 1999).

[8] Belke A. H., Fehn R., "Institutions and Structural Unemployment: Do Capital Market Imperfections Matter?" *Discussion Paper*, 2000, 37 (35).

[9] Benito A., Hernando I., "Labour Demand, Flexible Contracts and Financial Factors: Firm-Level Evidence from Spain," *Oxford Bulletin of Economics and Statistics*, 2008, 70 (3).

[10] Benmelech E., Bergman N. K., Seru A., "Finance and Unemployment," Work in Progress, 2010.

[11] Benmelech E., Bergman N. K., Seru A., "Financing Labor," *SSRN Electronic Journal*, 2011.

[12] Benmelech E., Frydman C., Papanikolaou D., "Financial Frictions and Employment during the Great Depression," National Bureau of Economic Research, 2017.

[13] Bertrand M., Schoar A., Thesmar D., "Banking Deregulation and Industry Structure: Evidence from the French Banking Reforms of 1985," *The Journal of Finance*, 2007, 62 (2).

[14] Bertrand M., Schoar A., Thesmar D., "Banking Deregulation and Industry Structure: Evidence from the French Banking Reforms of 1985," *The Journal of Finance*, 2007, 62 (2).

[15] Caggese A., Cuñat V., "Financing Constraints and Fixed-term Employment Contracts," *Economic Journal*, 2008, 118 (533).

[16] Chinn M. D., Ferrara L., Mignon V., "Post – recession US Employment through the Lens of a Non – linear Okun's Law," National Bureau of Economic Research, 2013.

[17] Dehejia R., Lleras – Muney A., "Financial Development and Pathways of Growth: State Branching and Deposit Insurance Laws in the United States, 1900 – 1940," *Journal of Law and Economics*, 2007, 50 (2).

[18] Dromel N. L., Kolakez E., Lehmann E., "Credit Constraints and the Persistence of Unemployment," *Labour Economics*, 2010, 17 (5).

[19] Elsby M. W., Hobijn B., Sahin A., "The Labor Market in the Great Recession," National Bureau of Economic Research, 2010.

[20] Ergungor O. E., "Market – vs. Bank – based Financial Systems: Do Rights and Regulations Really Matter?" *Journal of Banking & Finance*, 2004, 28 (12).

[21] Gatti D., Rault C., Vaubourg A. E. L., "Unemployment and Finance: How do Financial and Labour Market Factors Interact?" *Oxford Economic Papers*, 2012, 64 (3).

[22] Granger C. W., Terasvirta T., *Modelling Non – linear Economic*

[23] Guiso L., Jappelli T., Padula M., et al., "Financial market integration and econmic growth in the EU," *Economic Policy*, 2004, 19 (40).

[24] Guiso L., Jappelli T., Padula M., et al.. "Financial market integration and economic growth in the EU," *Economic Policy*, 2004, 19 (40).

[25] Huang H., Lin S., "A Flexible Nonlinear Inference to Okun's Relationship," Applied Economics Letters, 2006, 13 (5): 325-331.

[26] Huang H., Yeh C., "Okun's Law in Panels of Countries and States," *AppliedEconomics*, 2013, 45 (2).

[27] Huang Y., *Capitalism with Chinese Characteristics: Entrepreneurship and the State* (Cambridge Univ Press, 2008).

[28] Jayaratne J., Strahan P. E., "The Finance-Growth Nexus: Evidence from Bank Branch Deregulation," *The Quarterly Journal of Economics*, 1996, 111 (3).

[29] Jung W. S., "Financial Development and Economic Growth: International Evidence," *Economic Development and Cultural Change*, 1986, 34 (2).

[30] King R. G., Levine R., "Finance and Growth: Schumpeter might be Right," *The Quarterly Journal of Economics*, 1993, 108 (3).

[31] King R. G., Levine R., "Finance and Growth: Schumpeter might be Right," *The Quarterly Journal of Economics*, 1993.

[32] Klapper L., Laeven L., Rajan R., "Entry Regulation as a Barrier to Entrepreneurship," *Journal of Financial Economics*, 2006, 82 (3).

[33] Koskela E., Stenbacka R., "Equilibrium Unemployment and Credit Market Imperfections: The Critical Role of Labor Mobility," *Social Science Electronic Publishing*, 2002 (1).

[34] La Porta R., Lopez-de-Silanes F., Shleifer A., et al., "Legal Determinants of External Finance," *Journal of Finance*, 1997, 52.

[35] Melitz M. J., "The Impact of Trade on Intra-industry Reallocations and Aggregate Industry Productivity," *Econometrica*, 2003, 71 (6).

[36] Moosa I. A., "A Cross-country Comparison of Okun's Coefficient," *Journal of Comparative Economics*, 1997, 24 (3).

[37] Nickell S., Wadhwani S., "Employment Determination in British Industry: Investigations Using Micro-data," *The Review of Economic Studies*, 1991, 58 (5).

[38] Pagano M., Pica G., "Finance and Employment," *Economic Policy*, 2012, 27 (69).

[39] Pagano M., Volpin P. F., "The Political Economy of Corporate Governance," *American Economic Review*, 2005, 95 (4).

[40] Pereira R. M., *Okun's Law across the Business Cycle and during the Great Recession: A Markov Switching Analysis*, 2013.

[41] Perroti E., Thadden E. L., "The Political Economy of Corporate Control," *Journal of Political Economy*, 2006, 114.

[42] Pica G., Mora J. V. R., "Who's Afraid of a Globalized World? Foreign Direct Investments, Local Knowledge and Allocation of Talents," *Journal of International Economics*, 2011, 85 (1).

[43] Pissarides C. A., *Equilibrium Unemployment Theory* (MIT press, 2000).

[44] Popov A. A., Rocholl J. O. R., "Financing Constraints, Employment, and Labor Compensation: Evidence from the Subprime Mortgage Crisis," EuropeanCenteral BankWorking Paper, 2015.

[45] Rajan R. G., Zingales L., "Which Capitalism? Lessons form the East Asian Crisis," *Journal of Applied Corporate Finance*, 1998, 11 (3).

[46] Sharpe S. A., "Financial Market Imperfections, Firm Leverage, and the Cyclicality of Employment," The American Economic Review, 1994, 84 (4): 1060-1074.

[47] Van Dijk D., TeräsvirtaT., Franses P. H., "Smooth Transition Autoregressive Models—A Survey of Recent Developments," *Econometric Reviews*, 2002, 21 (1).

[48] Wasmer E., Weil P., "The Macroeconomics of Labor and Credit Market Imperfections," *The American Economic Review*, 2000, 94 (4).

附　录

附录1　相关变量的谱分析对应的 R 代码

#导入已有的 Excel 数据

#联网状态下自动安装 r 软件包 RODBC

install. packages（"RODBC"）

library（RODBC）

data < - odbcConnectExcel（file. choose（））

sqlTables（data）

y = sqlFetch（data，"data"）

plot. ts（y）#各个时间序列的趋势图

Y = y［，2：5］#去掉第一列的时间变量

#单个变量的周期图分析

#联网状态下自动安装 r 软件包 TSA

#install. packages（"TSA"）

library（TSA）

#样本谱

#给出一个2×2的幕

par（mfrow = c（2，2））

#得到谱密度函数的估计，为了消除样本谱的方差，采用第二种 AR 谱估计

#spectrum（x，...，method = c（"pgram"，"ar"）），基本调用格式

Y.spe1 = spectrum（Y［，1］，method = "ar"）

Y.spe2 = spectrum（Y［，2］，method = "ar"）

Y.spe3 = spectrum（Y［，3］，method = "ar"）

Y.spe4 = spectrum（Y［，4］，method = "ar"）

#可以通过谱分析结果找到峰值对应的频数，查看各个频率点和对应的谱值

x1 = cbind（Y.spe1 $ freq，Y.spe1 $ spec）；x1

x2 = cbind（Y.spe2 $ freq，Y.spe2 $ spec）；x2

x3 = cbind（Y.spe3 $ freq，Y.spe3 $ spec）；x3

x4 = cbind（Y.spe4 $ freq，Y.spe4 $ spec）；x4

#平方相干函数 Coherencies

Yspec = spectrum（Y）

n = Yspec $ n.used#有效样本的个数

Fr = Yspec $ freq#基础频数

n.freq = length（Fr）#频数的个数

#Yspec $ bandwidth * sqrt（12）# = 0.050 – the bandwidth

alpha = .001

Fq = qf（1 – alpha，2，n – 2）；cn = Fq／（n – 1 + Fq）；

dev.new（）；par（mfrow = c（3，1），cex.lab = 1.2）

#plt.name = c("(a)","(b)","(c)"),#增加序号标签

#The coherencies are listed as 1, 2, …, 6 = choose (4, 2)

#因为 L 是第四个变量,两两的相干函数中,与 L 相关的是 4 到 6 个相干函数。

for (i in 4: 6){

plot (Fr, Yspec $ coh [, i], type = "l", ylab = "Sq Coherence",

xlab = "Frequency", ylim = c (0, 1), main = c ("L with",

names (Y [i-3])))

abline (h = cn); text (.45, .98, plt.name [i-3], cex = 1.5)}

#Yspec $ spec, 表示各个时间序列的谱值。

#Yspec $ phase, 表示两两变量间的相谱。

Yspec = spectrum (Y)

Fr = Yspec $ freq # fundamental freqs

par (mfrow = c (3, 1))

for (i in 4: 6){

plot (Fr, Yspec $ phase [, i], type = "l", ylab = "phase spectrum",

xlab = "Frequency", ylim = c (-3.1416, 3.1416), main = c ("L with", names (Y [i-3])))}

#查看具体的值

Yspec $ phase [, 4]

附录2 国家层面数据在短周期、中周期和长周期上的小波变换分解的MATLAB代码

```
% 数据的加载（自己通过 workspace 界面中的""）
% 1. 加载信号（fd, l, edu, urb）
load fd
% 进入 MatlAB 界面（具体了解分层数）
% wavemenu
% 2. 截取信号
s = fd
l_ s = length（s）;
% 3. 执行多层小波分解
% 执行 3 层信号分解
[C, L] = wavedec（s, 3, 'db4'）;
% 4. 重建 3 层近似和 1、2、3 层细节
% 从 C 中重建 3 层近似
A3_ fd = wrcoef（'a', C, L, 'db4', 3）;
% 从 C 中重建 1、2、3 层细节
D1_ fd = wrcoef（'d', C, L, 'db4', 1）;
D2_ fd = wrcoef（'d', C, L, 'db4', 2）;
D3_ fd = wrcoef（'d', C, L, 'db4', 3）;
% 5. 显示多层分解的结果
subplot（2, 2, 1）; plot（A3_ fd）;
title（'Approximation A3_ fd'）
```

subplot (2, 2, 2); plot (D1_ fd);

title ('Detail D1_ fd')

subplot (2, 2, 3); plot (D2_ fd);

title ('Detail D2_ fd')

subplot (2, 2, 4); plot (D3_ fd);

title ('Detail D3_ fd')

图书在版编目(CIP)数据

金融发展促进就业研究/司颖华,肖强著.--北京:社会科学文献出版社,2019.4
 ISBN 978-7-5201-4425-4

Ⅰ.①金… Ⅱ.①司… ②肖… Ⅲ.①金融事业-经济发展-影响-劳动就业-研究-中国 Ⅳ.①D669.2
 中国版本图书馆 CIP 数据核字(2019)第 040663 号

金融发展促进就业研究

著　　者 / 司颖华　肖　强

出 版 人 / 谢寿光
责任编辑 / 关少华

出　　版 / 社会科学文献出版社·经济与管理分社(010)59367226
　　　　　　地址:北京市北三环中路甲29号院华龙大厦　邮编:100029
　　　　　　网址:www.ssap.com.cn
发　　行 / 市场营销中心(010)59367081　59367083
印　　装 / 三河市龙林印务有限公司

规　　格 / 开　本:787mm×1092mm　1/16
　　　　　　印　张:14.25　字　数:172千字
版　　次 / 2019年4月第1版　2019年4月第1次印刷
书　　号 / ISBN 978-7-5201-4425-4
定　　价 / 79.00元

本书如有印装质量问题,请与读者服务中心(010-59367028)联系
 版权所有 翻印必究